MW00978477

EMILY DICKINSON

Quatrains
et autres poèmes brefs

Traduction et présentation
de Claire Malroux
Édition bilingue

GALLIMARD

DES GOUTTES IMPÉRIALES

Quel est ce poète, reconnu aujourd'hui comme l'un des plus grands, qui a construit sa vie sur le plus étrange paradoxe : écrire de la poésie, sans la publier, sans jamais proclamer son statut de poète aux yeux du monde, se contentant de lui « adresser une lettre » — son œuvre — sans savoir quand celui-ci en briserait le cachet pour la lire, ni même s'il le briserait un jour ? Ce poète dont la voix ne nous parvient dans sa vérité que plus d'un siècle après sa mort, après avoir traversé des tunnels de silence, des murailles d'incompréhension ou, ce qui est presque pire, de malentendu, quel est-il ?

Pionnière, répondra-t-on pour reprendre des métaphores qui lui sont chères. Aventurière de l'esprit, ce territoire « sans colon ». Prospectrice des mines de l'âme. Exploratrice de l'espace intérieur. Défricheuse du langage, n'ayant de cesse de le dresser face à la parole divine, d'en exploiter les prodigieuses ressources, d'en jouer tel un démiurge conscient de ses pouvoirs. À notre extrémité de la galerie d'où sa lumière, cent ans après, nous frappe parfois cruellement, ajoutons : ferment d'intranquillité. Mystique du réel. Arc tendu entre l'extase et

*le néant. Poète de l'éternelle indémodable avant-
garde…*

*Pourtant, en dépit ou plutôt à cause de cela, il a fallu
longtemps pour que la stature d'Emily Dickinson émerge
du linceul charmant où l'avait enroulée sa génération en
tissant le mythe, au parfum de scandale, de l'amoureuse
frustrée (d'un homme marié, pasteur de surcroît !) et de
l'excentrique recluse de la petite ville d'Amherst. Chez
cette fille de bonne famille de la Nouvelle-Angleterre,
élevée au milieu de juristes et de puritains, étrangère à
tout milieu littéraire et qui s'était bornée à passer sa vie
sous le toit paternel sans chercher à se réaliser extérieure-
ment d'aucune façon, ni dans le mariage ni dans
quelque autre aventure qui l'eût soustraite à une condi-
tion somme toute passive, on n'a d'abord vu que ce que
l'on était disposé à voir : un poète délicat, amoureux des
oiseaux, des abeilles, des fleurs et des papillons, peut-être
à la rigueur de l'amour, un poète « féminin ». La vio-
lence, l'âpreté, la rébellion, les passions humaines qui
soulevaient Emily au-dessus des normes de son temps et
de son sexe, et que lui renvoyaient comme en éclats les
drames de Shakespeare, son compagnon favori avec la
Bible et le dictionnaire Webster, les autres passions plus
métaphysiques — la déréliction et l'extase, l'angoisse et
la joie —, le questionnement religieux, la pensée subver-
sive, l'humour espiègle et l'ironie tranchante, les fulgu-
rances de l'écriture, le travail constant sur les mots et le
jeu avec les mots furent ignorés des premiers éditeurs. Ils
choisirent de faire connaître les poèmes les plus lisses,
dans le souci évident de ne pas choquer ou rebuter le
public, tout comme ils s'empressèrent d'escamoter les
idiosyncrasies de textes où abondaient majuscules et tirets*

pour les ramener à l'orthodoxie de la graphie et de la ponctuation.

Emily Dickinson elle-même est en partie responsable du malentendu. Il résulte du pari fou qu'elle a fait de confier, les yeux fermés, son œuvre à la postérité. De la réticence obstinée, orgueilleuse, qu'elle a manifestée de son vivant à l'égard de la publication mais aussi du désordre dans lequel elle a laissé ses manuscrits.

La réticence n'est peut-être pas à prendre à la lettre, et lorsque le poète écrit au début de ses relations épistolaires avec son « précepteur » littéraire, Thomas W. Higginson : « Je souris lorsque vous me conseillez de ne pas "publier" encore – cela étant aussi éloigné de ma pensée que le Firmament de la Nageoire – », il convient de faire la part de l'amour-propre blessé. Aurait-elle persisté dans cette attitude si Higginson avait formulé le moindre encouragement ?

L'aversion pour l'ordre, en revanche, est bien réelle. Emily a toujours eu une conception organique *de la poésie, jamais subordonnée à des impératifs de classification ou de temps : la poésie naît de la vie et y retourne selon un cycle naturel. Si elle a commencé par rassembler ses poèmes dans des cahiers cousus à partir de 1858, lorsqu'elle s'est engagée fermement dans la création poétique, elle a abandonné cette pratique au bout de quelques années, se bornant par la suite à les grouper en feuillets non attachés, avant de les laisser s'accumuler de la façon la plus anarchique. Dans les Cahiers eux-mêmes, aucune date ne figure et tout porte à croire que les poèmes y entraient à mesure qu'ils étaient jugés aboutis, dans l'ordre (s'il en faut un) de la transcription, sans véritable souci de séquence. Tentatives d'auto-édition ? ou simples sauvegardes de textes ?*

Rien n'indique non plus qu'Emily ait établi une distinction formelle entre ses poèmes. Nulle part dans sa correspondance elle n'aborde les questions techniques de prosodie. Tout juste relève-t-on dans une lettre au même Higginson une remarque au sujet d'un poème sur un Serpent[1], publié, dit-elle, à son corps défendant et que l'on aurait « détruit au troisième vers par la ponctuation. Le troisième et le quatrième vers ne faisaient qu'un ». Nulle part elle n'avoue non plus de préférences pour tel ou tel genre poétique, ni pour telle ou telle forme.

Le problème de l'édition se trouve singulièrement compliqué par l'existence d'une œuvre orpheline. Le poète est sans cesse à « inventer ». Il nous manquera toujours son aval pour les textes à garder ou à écarter, la direction qu'auraient imprimée ses propres choix, ses préférences et ses proscriptions, l'organisation des poèmes en recueils. Il existe un danger (comme il a existé au début) de s'approprier cette œuvre, de l'infléchir dans tel ou tel sens. Les éditions américaines de référence, les seules qui ne puissent être taxées d'arbitraire, ont à juste titre résolu de n'exclure aucun des 1 789 poèmes qui la composent et même, récemment, de reproduire les poèmes dans leurs divers états, sans privilégier aucune version.

Mais, présentée ainsi selon le seul ordre chronologique, celle-ci reflète fatalement un certain manque de cohérence. Ici, un distique succède à un long poème ; là, des poèmes disposés en strophes bien visibles voisinent

---

1. Le poème *A narrow Fellow in the Grass* parut à la fois dans le *Springfield Daily Republican* (14 février 1866) et le *Springfield Weekly Republican* (17 février 1866).

avec d'autres d'une seule coulée. À l'instant où une forme, la forme brève, par exemple, semble prédominer, voici cette brièveté soudain contredite. Et même lorsqu'on croit qu'elle va l'emporter enfin, par prédilection ou peut-être tarissement, après la grande tourmente créative des années 1858-1864, on constate qu'Emily n'en continue pas moins jusqu'à la veille de sa mort de composer, bien qu'en moins grand nombre, des poèmes amples, témoignant de la richesse intacte de son inspiration.

En France, le problème s'aggrave du fait que l'œuvre n'est pas encore entièrement traduite. Comment s'approcher du poète sans le mutiler, sans dénaturer à tout le moins son visage faute de le révéler tout entier ? À l'opposé, dans un ensemble chaotique, comment espérer saisir l'œuvre dans son unité si on la traduit sans essayer d'en dégager les lignes de force ? Depuis les premières tentatives de traduction, il y a déjà près d'un demi-siècle, c'est à peine si l'on a commencé à explorer ce vaste continent sans repères.

En laissant à sa mort une œuvre en vrac, Emily Dickinson semble avoir voulu à jamais disparaître derrière elle, comme s'il appartenait à autrui d'assembler ce puzzle à multiples dimensions, de le faire et le défaire sans cesse pour reconstituer son image éclatée, et comme si l'énigme et l'anonymat étaient le plus sûr moyen de maintenir l'intérêt de sa création toujours vivant, par l'infini dévoilement de la superposition des plans et arrière-plans.

Il est donc essentiel de chercher, pour tout projet d'édition, un fil conducteur, un élément qui permette de se déplacer dans le labyrinthe en serrant d'aussi près que possible la vérité initiale. Il nous a semblé qu'on pouvait

en trouver un dans le quatrain. La poésie d'Emily Dic-
kinson est marquée de ce sceau. Le quatrain en est à la
fois la forme omniprésente et la plus élaborée, le moule et
la quintessence. D'où le parti pris ici d'isoler ces poèmes
brefs. Paradoxal à première vue, un peu comme si l'on
prétendait évoquer la mer au moyen des plus minces
cours d'eau qui s'y jettent, il répond d'abord à une
volonté de cohérence, au désir d'extraire de la totalité de
l'œuvre encore non accessible en français un concentré
de totalité. D'en ramasser la perspective. Donner à lire
l'intégralité des quatrains, forme constamment cultivée
par Emily Dickinson, offre la possibilité d'embrasser
d'un coup d'œil sa création, de voir s'y profiler une unité,
une évolution et une figure malaisées à saisir.

Un autre souci, plus pressant encore, est de mettre en
lumière l'aspect épistolaire, assez négligé jusqu'ici, de sa
poésie. La juxtaposition des poèmes ne permet pas en
effet de soupçonner la diversité de leur origine, intention
et destination. Elle tend à enfermer le poète dans une
hermétique solitude. Ainsi se perpétue le mythe d'une
œuvre conçue dans le secret et livrée en dernier recours à
la postérité, d'une poésie dissociée de tout public, d'une
parole menacée de soliloque. Ainsi se renforce l'image de
la « nonne[1] *» d'Amherst, retirée en son couvent d'écriture,*
désespérant de se voir consacrée comme poète faute de
satisfaire aux critères de son temps. Il est vrai qu'Emily
n'a pour ainsi dire rien publié de son vivant, sinon une

---

1. L'expression est d'Emily Dickinson elle-même : « *the Way-
ward Nun* » (la Nonne Fantasque), dans le poème n° 745 de l'édi-
tion complète de ses œuvres poétiques : *The Poems of Emily
Dickinson*, ed. by R.W. Franklin, The Belknap Press of Harvard
University Press, 1998.

*poignée de poèmes dans des journaux du Massachusetts,
et un unique poème dans un livre anonyme,* A Masque
of Poets[1]. *Et vrai aussi qu'elle n'a pas réussi à s'imposer
auprès des personnalités influentes qu'elle fut amenée à
connaître, journalistes tels que Samuel Bowles, directeur
du* Springfield Daily Republican, *ou Josiah G. Hol-
land, directeur du* Scribner's Monthly, *ni même auprès
de l'homme de lettres Thomas W. Higginson à qui elle
prit l'initiative d'écrire en 1862 pour lui poser à brûle-
pourpoint la question : « Si vous n'êtes pas trop occupé,
pourriez-vous me dire si mes poèmes sont vivants ? »*

*L'œuvre ne s'en est pas moins ouverte dès le départ sur
l'extérieur, en se proposant à des lecteurs par des voies
autres que l'édition. La Correspondance, position de
repli mais non de repliement, a fourni en particulier à
Emily le moyen de diffuser aussi largement que possible
ses créations. Près de six cents poèmes — un tiers de
l'œuvre — ont été mis ainsi en circulation, dont, pour
près de la moitié, des quatrains et autres poèmes brefs.
Une majorité est adressée aux mêmes personnes, avant
tout Susan Dickinson, sa belle-sœur, et Thomas W. Hig-
ginson, les êtres jugés sans doute les plus aptes à les appré-
cier. Mais d'autres noms viennent s'ajouter aux leurs au
fil des ans, notamment pendant la dernière décennie,
comme s'il ne s'agissait plus pour le poète de montrer les
fruits de son art (« Elle n'a que sa Grâce, / Et celle-ci si
peu s'étale – / Qu'il faut un art pour la déceler... »,
p. 77), mais tout simplement de dialoguer par le truche-
ment de la poésie.*

1. *A Masque of Poets*, Thomas Niles, 1878. Le poème d'Emily
Dickinson retenu avait pour titre, assez ironiquement, *Success*
(nº 67).

Dans ce mode inédit de diffusion, les circonstances et les modalités d'envoi ont leur importance. Certains poèmes constituent un message autonome, certains accompagnent des fleurs ou des cadeaux, certains sont joints à des lettres, d'autres s'imbriquent étroitement dans le tissu d'une prose guère moins poétique. Aucun d'eux n'a mieux rempli ces multiples fonctions et le rôle de trait d'union entre un poète et des lecteurs vivants que le quatrain, forme rapide, concentrée, qui, dépourvue de contexte, fait mouche ou, dans la lettre, s'épanouit avec naturel au détour d'une phrase, s'adapte à la circonstance pour s'en détacher aussitôt d'un coup d'aile.

Quelque trois cents quatrains ont vu le jour entre 1858, date considérée comme celle de l'entrée d'Emily Dickinson en littérature, et 1886, l'année de sa mort. Agissant comme un sismographe, le quatrain dessine dans l'œuvre des lignes de force révélant des turbulences intérieures. Sa production connaît des poussées à des périodes bien précises : en 1864 et 1865, époque de renoncement (à des passions, à la publication?), ou encore pendant la dernière décennie, période marquée par de multiples deuils. Il existe une corrélation entre la forme brève et un sentiment intime de dénuement, comme si la parole poétique avait besoin de se ramasser sur soi pour parvenir à rompre le silence.

D'où les quatre divisions, aussi peu arbitraires que possible, proposées ici : la période de grande explosion créatrice, 1858-1864, au cours de laquelle le quatrain joue un rôle encore assez mineur ; les deux années qui voient son épanouissement, 1864-1865 ; la décennie 1866-1876, peu fructueuse d'une façon générale mais dont la fin inaugure le règne des « quatrains-élégies », et la décennie 1876-1886, où le quatrain s'impose et s'intègre de plus en plus à la correspondance.

Ces poèmes, il convient de le noter, appartiennent pour la plupart à la période de maturité d'Emily et à la fin de sa vie, lorsque les événements ou les états qui les ont suscités sont revécus à distance, dans la lumière du dépouillement. Ils illustrent la poésie plus abstraite, parfois même aride, cultivée dans le second versant de son existence, poésie qui demeure encore en grande partie inexplorée.

Sur un plan purement formel, les quatrains, qu'ils aient été adressés à autrui ou écrits pour soi — car Emily en conservait en même temps certains dans ses *Cahiers* (fascicles), dans des ensembles constitués (sets), ou sur de simples feuillets ou fragments de papier épars —, présentent une unité. Mais existe-t-il un lien plus substantiel entre les premiers, que l'on pourrait qualifier de « vers de circonstance », et les seconds, auxquels on peut supposer que le poète attribuait une valeur permanente ?

Emily, encore une fois, n'a pas fait de distinction entre les uns et les autres. On est même surpris de constater qu'elle a gardé trace de quatrains paraissant promis à une fonction passagère. Il ressort par ailleurs de l'étude menée par Ralph Franklin, auteur de la toute récente édition de référence[1], que nombre de ces poèmes ont été d'abord composés à l'intention de destinataires avant d'être transcrits dans les *Cahiers* ou autrement conservés. Jusqu'à présent, on pensait à l'inverse que le poète tirait de ses *Cahiers* la matière de ses envois. Cette découverte

1. *Op. cit.*

*ouvre un nouveau champ d'investigations sur les ressorts
de la création poétique, tant il apparaît que, même dans
une poésie aussi secrète que celle d'Emily Dickinson, le
désir de communication joue un rôle moteur.*

*De par sa double vocation de poème destiné à autrui
et/ou écrit pour soi, le quatrain s'est prêté à de nom-
breuses variations. Tantôt il est l'embryon d'un poème de
plus amples dimensions, tantôt il est issu d'un poème plus
long dont en général la première ou la dernière strophe
ont été appelées à former un poème autonome. Emily les
module en fonction de tel ou tel correspondant. C'est le
cas, par exemple, d'un poème dont elle a adressé la pre-
mière strophe à son amie Elizabeth Holland : «L'été a
posé son Bonnet / Sur sa vaste étagère – / À son insu – un
Ruban a glissé, / Saisis-t'en pour toi-même» (p. 149) et
la seconde à Higginson. Dans celle-ci, «L'Été a rangé
son Gant souple / Dans son Tiroir sylvestre». Le Gant
est un terme évidemment plus approprié pour un homme
que le Bonnet, et le quatrain, au lieu d'être une simple
incitation à jouir avec coquetterie de la saison, pose
une question métaphysique : «A-t-il obéi / À l'ordre de
l'Effroi ?» Dans d'autres cas, un changement de pronom
permet de personnaliser le poème. Chaque strophe se
révèle capable, en raison de sa densité, de fonctionner de
façon indépendante, et Emily peut, sans en modifier la
structure, en recombiner sans cesse les éléments selon ses
besoins. Les quatrains sont autant de variations sur un
thème, pareils à des gouttes de mercure agissant sur de
perpétuels amalgames ou qui en sont échappées.*

*Aussi repoussera-t-on la tentation d'établir une dis-
tinction entre «vrais» poèmes et «vers de circonstance»,
même si d'aucuns paraissent de nature plus frivole ou*

plus ludique que d'autres. Tous offrent la preuve — qu'ils
exaltent la fleur, déplorent la mort d'un être, enchâssent
une réflexion ou exploitent un jeu de mots d'autant plus
délectable qu'il se réverbère dans un espace clos — que
rien n'est dissociable dans la vision poétique. Yves Bon-
nefoy, à propos de Mallarmé, souligne que celui-ci ne
séparait pas dans le fond « l'écriture qui sait la mort, et
autres circonstances éternelles et les petits vers qui se
vouent aux menus plaisirs[1] ». La démarche d'Emily
Dickinson est plus cohérente encore, obéissant à l'élan de
la vérité et au désir de la transmettre plus qu'à un souci
de perfection esthétique.

Les quatrains — là est le dénominateur commun
d'un ensemble où domine pourtant l'abstraction, matière
a priori moins communicable — participent tous de l'of-
frande. Le nombre de ceux adressés à autrui n'a cessé de
croître, au point de représenter pendant la dernière
décennie (1876-1886) l'essentiel de leur production.
Réflexions, définitions, aphorismes sont, autant que le
compliment et le madrigal, matière à partage. La des-
cription d'un soleil couchant est offrande d'un instant
d'extatique rêverie. Elle est d'ailleurs précédée des mots :
« Veuillez accepter un Coucher de Soleil. » Fruits d'une
méditation intensément personnelle, ces poèmes s'adap-
tent aux événements vécus par les autres, chagrin éprouvé
par les cousines Norcross, mort d'un neveu ou naissance
d'une fillette dans le foyer d'un Higginson vieillissant.
C'est comme si Emily la « recluse » s'incarnait à chaque
fois en eux et venait frapper quatre coups à la porte des

---

1. Stéphane Mallarmé, *Vers de circonstance*, *Poésie*/Gallimard,
1996.

*êtres composant sa « société choisie ». L'offrande va jus-
qu'à constituer le thème même du quatrain (p. 153) :*

> Ils n'ont pas besoin de moi – mais qui sait ?
> Je laisse mon Cœur en vue –
> Mon petit sourire pourrait bien être
> Précisément ce qu'il leur faut –

*De cet ensemble, deux groupes se détachent, en appa-
rence aux antipodes l'un de l'autre. Quoique situés aux
deux extrémités du spectre poétique, quatrains « floraux »
et « quatrains-élégies » se rejoignent en réalité dans la
même vision métaphysique et leur confrontation met en
lumière l'unité organique à laquelle tend toute la poésie
d'Emily Dickinson.*

*Vers de circonstance s'il en est, les quatrains « floraux »
ne sont pas en effet, comme on pourrait être conduit à le
penser en raison même de leur nombre, les produits exquis
mais négligeables d'une broderie poétique sans cesse remise
sur le métier. Il existe dans l'esprit d'Emily une parfaite
adéquation entre la fleur et l'écriture (p. 33) :*

> Par d'aussi menues Courtoisies
> Une Fleur, ou un Livre,
> Se plantent les graines de sourires –
> Qui dans l'ombre fleurissent

*en sorte que, lorsqu'elle parle de fleur, elle peut désigner
tout aussi bien un poème. L'un et l'autre sont émanation
et substitut de la personne du poète, ainsi que l'affirme
le beau quatrain : « Je me cache dans ma fleur » (p. 35)
— les trois versions de ce poème, datant respectivement de*

*1859, 1863 et 1864, témoignent en outre de la pro-
fondeur psychologique acquise au cours de ces années
de maturation. Le poème double la fleur comme la
fleur double le poème, poète et nature se mettant
mutuellement en abyme et tressant indéfiniment leurs
créations.*

*La fleur n'est pas seulement gage et langage d'amour
— le seul don absolu de soi que, dans sa solitude exis-
tentielle, Emily ait pu, avec sa poésie, faire d'elle-même.
Placée à l'intersection des règnes végétal, animal (par
l'attrait qu'elle exerce sur l'insecte) et humain (puisque
élue par le poète pour signifier), elle est l'occasion d'une
méditation sur les rapports régissant l'univers. Emily en
dégage la sensualité forte et ambiguë en faisant appel
tantôt à l'abeille, tantôt au bourdon (p. 109) :*

> De la Nature je serai repue
> Quand ici j'aurai pénétré
> D'un Bourdon
> Admise aux Privautés.

*Le quatrain floral s'aventure plus loin encore sur le
terrain de la réflexion. Toute réalité, semble dire la
fleur-symbole, amoureuse vouée à l'éphémère et à l'inac-
compli (et l'on ne peut s'empêcher d'y voir « réfractée, la
physionomie » d'Emily elle-même), est signe d'une plus
haute absence, à moins d'accomplir le saut qui fonde
l'acte de foi en l'immortalité, que celui-ci soit de nature
religieuse ou esthétique : « Ci-gît une Fleur – / Un
Sépulcre, en sépare – / Franchis-le, et vaincs l'Abeille – »
(p. 93). Le destin de la fleur ramène à l'expérience
intime du néant. Les quatrains, s'ils ne la relatent pas*

comme les poèmes plus narratifs, en sont les cicatrices
vives.

   En contrepoint de la fleur s'inscrit l'élégie. Celle-ci
constate l'irréparable accroc de la mort dans le tissu du
monde : « Par Défaut d'un seul Visage / Derrière un
Poêle / Le Jour terrestre le plus vaste / Est rapetissé – »
(p. 133). Pourtant, à la cime d'une méditation constam-
ment centrée sur ce mystère, l'élégie parvient à transfor-
mer la mort de signe négatif en signe positif. Elle rend
compte de la trajectoire accomplie par Emily, de son pro-
fond travail sur elle-même à travers les années et de son
consentement à la vie jusqu'en ses aspects les plus morti-
fères. L'élégie, dans les quatrains de la dernière période,
n'est pas déploration, mais exaltation de tout ce qui fait
la grandeur de l'homme : idéal, gloire, création, amour,
pureté de l'enfance. Il n'en est peut-être pas de plus bou-
leversantes que celles consacrées à son neveu favori Gil-
bert, mort à huit ans, tombé en voulant « atteindre les
Cœurs précieux / Auxquels il donnait leur valeur »
(p. 191), comme s'il s'apprêtait à dérober des confitures.
Tombeaux dont la forme miniaturisée rehausse, selon la
formule de Bachelard, l'amplitude : « La miniature est
un des gîtes de la profondeur. »

   Multiplié deux, trois, quatre, cinq fois ou davantage,
pleinement apparent dans le poème divisé en strophes,
enfoui au creux d'un poème d'une seule coulée ou y
affleurant, légèrement modifié, augmenté ou diminué
d'un ou deux vers comme un accord musical, le quatrain
est omniprésent dans la poésie dickinsonienne. Sous son
aspect d'unité prosodique tel qu'il est donné ici, il rend
justice à un art souvent éclipsé dans les poèmes plus longs

par l'intensité dramatique du contenu. Étonnante est la diversité des moyens mis en œuvre. La longueur du vers, même s'il s'agit le plus souvent de l'octosyllabe utilisé en alternance avec l'hexasyllabe, est des plus variées, oscillant entre deux et douze syllabes. Le quatrain à vers courts acquiert ainsi, tel le poème « La gloire est une abeille » (p. 221), la légèreté du vol, épousant en sa forme la métaphore qui l'inspire, ou, tel le poème « Âme, cours ton risque » (p. 103), la vigueur irréfutable d'une vérité. En revanche, le vers de douze syllabes ou le pentamètre, vers classique de la poésie anglo-saxonne, ne sont employés qu'avec parcimonie. Un pentamètre inséré parmi des vers plus courts crée un climat de gravité, comme dans le quatrain « On ne sait jamais qu'on part — quand on part » (p. 171), ou introduit un élément prosaïque propre à assouplir la rigueur de la forme. Le plus souvent, le vers long semble se moquer de sa propre emphase et s'autodétruire.

L'éventail prosodique, constitué au premier chef des rimes croisées en abcb, héritées de la ballade et de l'hymne, comprend aussi des rimes plates ou, à l'opposé, le cas limite que représente l'absence totale de rime. Dans les quatrains du premier type, l'irrégularité est posée dès le départ, puisque, comme toujours dans cette prosodie, le premier et le troisième vers ne riment pas, mais cette forme déjà irrégulière subit ici une accrétion d'irrégularités. La rime, subtilement imparfaite, vise à ponctuer, moduler ou pervertir le sens, le relançant à chaque fois en ondes concentriques sur une surface sans cesse remuée. Le mot, les sonorités, commandent la forme, la découpent et la rythment sans qu'à aucun instant le lecteur n'ait le sentiment d'une formule préétablie. L'impression pro-

duite est au contraire celle de l'instantanéité, voire de l'improvisation (ce qui est sans doute le cas pour certains poèmes retrouvés sur des fragments de papier). Cela pose un problème au traducteur, qui se doit à la fois de préserver les contraintes tout en suggérant le désir de s'en évader.

L'ingéniosité déployée pour faire éclater le carcan prosodique ne témoigne pas seulement de la part du poète d'une volonté de tordre le cou à l'éloquence — « Éloquence il y a quand au Cœur / Pas une voix ne manque » (p. 129), nous rappelle-t-elle —, mais d'une postulation plus fondamentale : le désir de bousculer les règles, de brouiller définitions et catégories pour rechercher en profondeur le lien entre des ordres de réalité différents.

Par tempérament, Emily Dickinson ne pouvait que se projeter dans la forme brève, elle qui avait su diagnostiquer, dans une de ses lettres à Higginson, le caractère volcanique de son inspiration : « Lorsque j'essaie d'organiser – ma petite Force explose – et me laisse nue et calcinée – ». Mais le poème bref, lieu des fulgurances du voyant, est aussi une profession de foi esthétique, une manière de s'inscrire contre la rhétorique où risque sans cesse de verser et de s'enliser la poésie. Il occupe une position d'équilibre idéal entre le silence, dont Emily a toujours reconnu la primauté sur le verbe, et la parole, qui vise alors à atteindre cet infini de silence ou du moins tend vers son asymptote. Italo Calvino a souligné dans ses Leçons américaines[1] *sa faculté de pratiquer, tout comme Cavalcanti, un « allègement du langage au terme duquel*

---

1. Italo Calvino, *Leçons américaines*, Gallimard, 1989.

les signifiés, circulant sur un tissu verbal presque impondérable, prennent une consistance tout aussi raréfiée » et ce qu'il dit du poète italien pourrait aussi bien s'appliquer au poète américain : « Il dissout la concrétude de l'expérience tangible dans son vers au rythme saccadé, haché en syllabes, comme si la pensée se détachait de l'obscurité par rapides décharges électriques. »

Le quatrain d'Emily Dickinson, semblable à la notation dans le journal intime, est un fragment arraché au quotidien qu'il transcende mais dont il retient, pareil au pétale pressé de la fleur, quelque chose de charnel, une saveur singulière. Les réflexions les plus abstraites s'enracinent dans le vécu, elles émergent de la complexité intérieure comme la « goutte de lumière » dont Joubert dit qu'elle « vaut mieux qu'un océan d'obscurité[1] ». Emily s'y manifeste comme ce poète du seuil qu'elle est avant tout, entre intimité et communication, pudeur et aveu, au croisement du « dehors » et du « dedans », du visible et de l'invisible. D'où l'impression que l'on a souvent de regarder par-dessus son épaule et de surprendre comme malgré soi la genèse de son texte.

Fulgurance, légèreté, mais aussi une pensée intuitivement aphoristique qui embrasse les extrêmes, présence et absence, temps et éternité, gloire et anonymat, extase et néant, les fait s'entrechoquer dans l'espace resserré du paradoxe et de l'oxymore jusqu'à provoquer l'étincelle de vérité. Le même travail s'exerce sur les mots, frottés ensemble comme des silex, sans liant syntaxique. La traduction vient s'y heurter, le socle du vocabulaire étant souvent différent dans les deux langues.

---

1. Joseph Joubert, *Carnets*, Gallimard, 1994, t. II, p. 81.

*Il n'est pas jusqu'à la philosophie de cette héritière ô
combien ambiguë du puritanisme qui ne la conduise à
privilégier la sobriété, voire l'abstinence. Prenant à la
lettre ces vertus que pourtant par tempérament elle
récuse, elle les pousse jusqu'à leurs conséquences dernières.
Par un renversement tout pascalien des valeurs, du moins
elle tire le plus, et fait du petit la clef de la grandeur.*

*La brièveté s'inscrit au cœur de l'éthique comme de
l'esthétique. Elle joue un rôle salutaire. S'«il n'existe pas
de drogue pour l'âme», il est toujours loisible au poète de
secréter au jour le jour son propre remède. Enveloppé de
silence, vérité contradictoire entrevue à travers les brumes
de l'individualité, le quatrain est ce cristal irisé, cette
«goutte impériale» qui permet de vivre dans l'espoir de
l'immortalité (p. 83) :*

> La perspective, par-delà la Tombe
> De voir sa Contenance
> Me soutient comme des Gouttes impériales
> Administrées au Quotidien.

Claire Malroux

AVERTISSEMENT

L'ordre des quatrains, tercets et distiques d'Emily Dickinson est emprunté à la nouvelle édition de référence établie par R.W. Franklin, *The Poems of Emily Dickinson* (1998), lequel a sensiblement modifié la chronologie et la numérotation qu'avait adoptées Thomas H. Johnson dans son édition de 1957. Le texte demeure néanmoins le même. Les quelques différences d'orthographe et de ponctuation que l'on pourra relever tiennent à ce que, là où il existe plusieurs versions d'un poème, nous avons chaque fois accordé la préférence à la version adressée à un correspondant, ce qui n'est pas toujours le cas dans l'édition Johnson.

Les extraits de lettres cités dans les notes se réfèrent à l'édition de la Correspondance établie par Thomas H. Johnson et Theodora Ward : *The Letters of Emily Dickinson* (1958).

Les lecteurs familiers de l'œuvre ne manqueront pas de remarquer, pour ce qui est de la ponctuation, que le tiret a été raccourci, en conformité avec le signe figurant dans les textes manuscrits.

Dans le souci d'aérer la lecture et surtout de mettre

en relief l'évolution de la pensée et de l'écriture du poète, l'ensemble des quelque trois cents quatrains et autres poèmes brefs est divisé en quatre parties, selon des critères chronologiques. Chacune d'elles est précédée d'une brève introduction. Une cinquième partie groupe les poèmes non datés.

Une lettre, ou plus exactement un brouillon de lettre particulièrement éclairant sur l'imbrication de la prose et des quatrains dans la Correspondance d'Emily Dickinson est donnée en appendice.

C. M.

I. 1858-1864

Ces années voient l'éclosion du génie poétique d'Emily Dickinson. C'est en 1858 qu'Emily commence à rassembler ses poèmes dans des cahiers cousus (fascicles ou packets) et c'est en 1862 que, submergée par la puissance explosive de sa force créatrice, elle sollicite l'avis de l'homme de lettres Thomas W. Higginson sur la valeur de sa poésie (et peut-être les possibilités de publication), nouant avec lui des rapports épistolaires qui ne cesseront qu'à sa mort.

Les quatrains occupent alors une place assez modeste dans sa production — une quarantaine sur près de huit cents poèmes — mais nombre d'entre eux sont déjà adressés à des personnes ou inclus dans des lettres. Cette pratique ira en se généralisant à mesure que se diversifiera une correspondance réservée auparavant à des parents ou à un cercle de proches.

Leur principal destinataire à cette époque est Samuel Bowles, un ami de la famille Dickinson. Être aimé ou muse masculine autour de qui s'est cristallisée l'inspiration d'Emily, il est l'un des hommes avec qui elle a entretenu de 1858 à 1878 une fiévreuse correspondance.

1

I would distill a cup –
and bear to all my friends,
drinking to her no more astir,
by beck, or burn, or moor!

2

A darting year – a pomp – a tear –
a waking on a morn
to find that what one waked for,
inhales the different dawn.

3

We lose – because we win –
Gamblers – recollecting which –
Toss their dice again!

1

Je voudrais emplir de sucs une coupe –
la lever pour tous mes amis,
buvant à celle qui plus ne remue
aux landes, aux sources, aux rus !

(Lettre à Samuel Bowles)

2

Un an éclair – de la pompe – une larme –
l'éveil pour découvrir un matin
que ce pour quoi l'on s'éveillait
inhale l'aube différente.

(Lettre à Mary Haven)

3

On perd – pour avoir gagné –
Les Joueurs – s'en souvenant –
Relancent leurs dés !

4

By Chivalries as tiny,
A Blossom, or a Book,
The seeds of smiles are planted –
Which blossom in the dark.

5

By such and such an offering
To Mr So and So –
The web of life is woven –
So martyrs albums show!

6

When Katie walks, this Simple pair accompany her side,
When Katie runs unwearied they follow on the road,
When Katie kneels, their loving hands still clasp her
  pious knee –
Ah! Katie! Smile at Fortune, with two *so* knit to thee!

4

Par d'aussi menues Courtoisies,
Une Fleur, ou un Livre,
Se plantent les graines de sourires –
Qui dans l'ombre fleurissent.

5

Par telle ou telle offrande
À M. Untel et Untel,
Tissée la toile de la vie –
Voir les albums des Martyrs !

6

Lorsque Katie marche, cette Simple paire marche à
   ses côtés,
Lorsque Katie court, sans se lasser elle la suit sur la
   route,
Lorsque Katie prie, ses tendres mains étreignent tou-
   jours son genou pieux –
Ah ! Katie ! Quelle chance, d'avoir *maille liée avec ces
deux* !

                          (*À Catherine Scott Anthon*)

7

*I hide Myself within my flower
That fading from your Vase,
You, unsuspecting, feel for me –
Almost a loneliness.*

8

*Many cross the Rhine
In this cup of mine.
Sip old Frankfort air
From my brown Cigar.*

9

*Great Caesar! Condescend
The Daisy, to receive,
Gathered by Cato's Daughter,
With your majestic leave!*

10

*Surgeons must be very careful
When they take the knife!
Underneath their fine incisions
Stirs the Culprit – Life!*

7

Je Me cache dans ma fleur,
Pour, me fanant dans ton Urne,
T'inspirer à ton insu – un sentiment
De quasi-solitude.

8

Beaucoup passent le Rhin
Dans cette coupe mienne.
Du vieux Francfort goûte l'air
À mon brun Cigare.

9

Grand César! Condescends
À recevoir la Marguerite,
Qu'avec ta haute permission
La Fille de Caton cueillit!
(À Austin Dickinson?)

10

Que très prudents soient les chirurgiens
Quand ils prennent le bistouri!
Sous leurs délicates incisions
Bouge la Coupable – la *Vie*!

11

Pictures are to daily faces
As an Evening West
To a fine – pedantic Sunshine
In a satin Vest.

12

The Juggler's Hat *her Country is –*
The Mountain Gorse – the Bee's –

13

Could I *– then – shut the door –*
Lest my *beseeching face – at last –*
Rejected – be – of Her?

14

Speech *– is a prank of* Parliament –
Tears *– a trick of the* nerve –
But the Heart with the heaviest freight on –
Does'nt – always – move –

11

Le portrait est au visage quotidien
Ce qu'est le Couchant
À un beau soleil – magistral –
En Gilet de satin.

12

Le *Chapeau* de Jongleur est son Pays à elle –
Le Rustique Ajonc – celui de l'*Abeille*!
                    (*À Samuel Bowles*)

13

Pouvais-*je* – alors – fermer la porte –
De peur que *mon* visage implorant – à la fin –
Par *Elle* – ne soit – rejeté?
                    (*À Susan Dickinson*)

14

Le *Discours* – est une farce du *Parlement* –
Les *Larmes* – un tour des *nerfs* –
Mais le Cœur qui porte la plus lourde charge –
Ne – remue pas – toujours –
                    (*Lettre à Samuel Bowles*)

15

With thee, in the Desert –
With thee in the thirst –
With thee in the Tamarind wood –
Leopard breathes – at last!

16

"Faith" is a fine invention
When Gentlemen can see *–*
But Microscopes *are prudent*
In an Emergency.

17

The thought beneath so slight a film –
Is more distinctly seen –
As laces just reveal the surge –
Or Mists – the Appenine –

18

Least Rivers – docile to some sea.
My Caspian – thee.

15

Avec toi, dans le Désert –
Avec toi dans la soif –
Avec toi parmi les Tamariniers –
Enfin – respire le Léopard !

16

La « Foi » est une belle invention
Lorsque les Messieurs *voient* –
Mais un *Microscope*, en cas d'Urgence,
Est plus prudent.
(Lettre à Samuel Bowles)

17

La pensée sous un voile aussi léger –
Se voit plus nettement –
Comme dentelles révèlent la vague –
Ou Brumes – l'Apennin –

18

Le moindre Fleuve – vassal d'une mer.
Ma Caspienne – toi.

19

It's such a little thing to weep –
So short a thing to sigh –
And yet – by Trades – the size of these
We men and women die!

20

Morning – is the place for Dew –
Corn – is made at Noon –
After dinner light – for flowers –
Dukes – for setting sun!

21

I stole them from a Bee –
Because – Thee –
Sweet plea –
He pardoned me –

22

My eye is fuller than my vase –
Her Cargo – is of Dew –
And still – my Heart – my eye outweighs –
East India – for you!

19

Pleurer est chose si infime –
Soupirer chose si brève –
Pourtant – d'Occupations – de *cette* taille
Nous mourons, nous humains !

20

Le Matin – est le lieu de la Rosée –
Le Maïs – se forme à Midi –
Lumière d'après déjeuner – pour les fleurs –
Ducs – pour le soleil couchant !

21

À l'Abeille je les ai volées –
Parce que – c'est Toi –
Tendre plaidoyer –
Elle m'a pardonnée –
            (À Samuel Bowles)

22

Mon œil est plus rempli que mon vase –
De Rosée – *son* Fret –
Pourtant sur mon Œil – mon Cœur l'emporte –
Indes – pour toi !

23

A word is dead, when it is said
Some say –
I say it just begins to live
That day

24

The loss by Sickness – was it loss –
Or that Etherial Gain –
You earned by measuring the Grave –
Then – measuring the Sun –

25

Where Ships of Purple – gently toss –
On Seas of Daffodil –
Fantastic Sailors – mingle –
And then – the Wharf is still!

23

Un mot est mort quand il est dit
Disent certains –
Moi je dis qu'il commence à vivre
De ce jour-là

*(Lettre à Louise et Frances
Norcross)*

24

La perte par Maladie – fut-elle perte –
Ou ce Gain Éthéré –
Acquis par vous en mesurant la Tombe –
Puis – en mesurant le Soleil –

(Lettre à Samuel Bowles)

25

Où des Bateaux de Pourpre – se balancent –
Sur des Mers de Jonquille –
De Fantastiques Marins – se mêlent –
Et puis – le Quai est immobile !

26

Sufficient troth – that she will rise –
Deposed – at last – the Grave –
To that new *fondness –*
Justified – by Calvaries of love –

27

While Asters –
On the Hill –
Their Everlasting fashions – set –
And Covenant Gentians – Frill!

28

Could – I do more – for Thee –
Wert Thou a Bumble Bee –
Since for the Queen, have I –
Nought but Boquet?

26

Elle ressuscitera – suffise ce vœu –
Déposée – enfin – la Tombe –
Pour cette Affection *nouvelle* –
Par des Calvaires d'amour – légitimée –
> (Lettre au Révérend Edward
> Dwight)

27

Tandis que l'Aster –
Sur la Colline –
Lance – ses modes Éternelles –
Et que la Gentiane – Se plisse !
> (À Samuel Bowles)

28

Pourrais-je – faire plus – pour Toi –
Si Bourdon Tu étais –
Puisque pour la Reine, je n'ai –
Rien qu'un Bouquet ?

29

Presentiment – is that long shadow – on the Lawn –
Indicative that Suns go down –

The notice to the startled Grass
That Darkness – is about to pass –

30

Best Gains – must have the Losses's test –
To constitute them – Gains.

31

Not "Revelation" – 'tis – that waits,
But our unfurnished eyes –

32

Life is death we're lengthy at,
Death the hinge to life.

29

Pressentiment – cette Ombre longue – sur le Gazon –
Signe que les Soleils déclinent –

L'annonce à l'Herbe effarée
Que la Ténèbre – va passer –

30

Aux meilleurs Gains – il faut l'épreuve des Pertes –
Pour se constituer – Gains.

(Lettre à T.W. Higginson)

31

Ce n'est pas – la « Révélation » – qui attend,
Mais nos yeux démunis –

(Lettre à T.W. Higginson)

32

La vie est la mort longue à atteindre,
La mort la charnière de la vie.

*(Lettre à Louise et Frances
Norcross)*

33

They have a little Odor — that to me
Is metre — nay — 'tis melody —
And spiciest at fading — indicate —
A habit — of a Laureate —

34

I pay — in Satin Cash —
You did not state — your price —
A Petal, for a Paragraph
Is near as I can guess —

35

If What we could — were what we would —
Criterion — be small —
It is the Ultimate of Talk —
The Impotence to Tell —

33

Elles ont un léger Parfum – qui pour moi
Est mètre – ou plutôt – mélodie –
Et plus capiteux à son déclin – marque –
Une Tournure – de Lauréat –
                    (À Gertrude Vanderbilt)

34

Je paie – en Espèces de Soie –
Ton prix – tu ne l'as pas fixé –
Un Pétale par Paragraphe
Dirais-je à vue de nez –

35

Si pouvoir – équivalait à vouloir –
Ténu serait – le Critère –
C'est l'Ultime de la Parole –
Que l'Impuissance à Dire –
                    (À Susan Dickinson)

36

But little Carmine hath her face –
Of Emerald scant, her Gown –
Her beauty is the love she doth –
Itself – exhibit – mine –

37

When Bells stop ringing – Church – begins –
The Positive – of Bells –
When Cogs – stop – that's Circumference –
The Ultimate – of Wheels –

38

What I can do – I will –
Though it be little as a Daffodil –
That I cannot – must be
Unknown to possibility –

39

No Prisoner be –
Where Liberty –
Himself – abide with Thee –

36

Sur son visage il est peu de Carmin –
De pauvre Émeraude, sa Robe –
Sa beauté est l'amour qu'elle sécrète –
Il – témoigne – du mien –
                    (À Maria Whitney)

37

Quand les Cloches ne sonnent plus – l'Église –
    commence –
Le Positif – des Cloches –
Quand les Rouages – stoppent – c'est la Circonférence –
L'Ultime – des Roues –

38

Je ferai – ce que je puis –
Fût-ce aussi mince qu'un Narcisse –
Que je ne le puis – doit
Rester ignoré du Possible –

39

Prisonnier ne seras –
Là où la Liberté –
Elle-même – demeure en Toi –

40

The Grace – Myself – might not obtain –
Confer opon my flower –
Refracted but a Countenance –
For I – inhabit Her –

40

La Grâce – que Moi – je n'obtiendrais pas –
Confère-la à ma fleur –
Réfractée ne fût-ce qu'une Physionomie –
Car en Elle – je demeure –

II. 1864-1865

Pendant cette courte période, la production des quatrains augmente considérablement. Leur nombre (près de quatre-vingts) double presque en l'espace de deux ans, et ils représentent déjà un quart des poèmes écrits.

Ces deux années annoncent la fin de l'explosion de créativité qui avait marqué la période précédente. L'année 1865, en particulier, amorce une nette décrue. On peut supposer que les événements à l'origine de cette explosion se sont éloignés, que le tarissement relatif de l'inspiration se reflète dans la forme plus brève des poèmes. C'est également cette année-là qu'Emily cesse de rassembler ses textes dans des cahiers.

1864 et 1865 coïncident par ailleurs avec les longs séjours qu'elle effectue loin d'Amherst pour soigner sa maladie des yeux. Les quatrains deviennent peut-être alors un instrument de communication, puisqu'elle est privée de la compagnie de ses proches.

La plupart de ces poèmes sont adressés à son amie de jeunesse, devenue sa belle-sœur huit années plus tôt, Susan Gilbert Dickinson.

1

The Definition of Beauty is
That Definition is none –
Of Heaven, easing Analysis,
Since Heaven and He are One.

2

These Strangers, in a foreign World,
Protection asked of me –
Befriend them, lest yourself in Heaven
Be found a Refugee –

3

Partake as doth the Bee –
Abstemiously.
The Rose is an Estate –
In Sicily –

1

La Définition du Beau est
Qu'il n'est pas de Définition –
Du Ciel, il rend aisée l'Analyse,
Car le Ciel et Lui ne font qu'Un.
(À Susan Dickinson)

2

Ces Étrangères, en Monde inconnu,
Asile m'ont demandé –
Accueille-les, car Toi-même au Ciel
Pourrais être un Réfugié –

3

Goûtes-y comme l'Abeille –
Sois frugal.
La Rose est une Fortune –
En Sicile –
(À Perez Dickinson Cowan)

4

The Robin for the Crumb
Returns no syllable,
But long records the Lady's name
In Silver Chronicle.

5

there is a June when Corn is cut,
whose option is within.

6

Love reckons by itself – alone –
"As large as I" – relate the Sun
To One who never felt it blaze –
Itself is all the like it has –

7

How well I knew Her not
Whom not to know – has been
A Bounty in prospective – now
Next door to mine, the pain –

4

Le Rouge-gorge pour la Miette
Ne remercie pas en syllabe,
Mais cite longtemps le nom de la Dame
En Chronique d'Argent.
                        (À sa tante Lucretia Bullard)

5

il est un Juin lorsque le Blé est coupé
dont le choix est intérieur.
                        (Lettre à Susan Dickinson)

6

L'amour mesure à son échelle – seule –
« Grand comme moi » – situe le Soleil
Pour Qui n'en a jamais senti l'éclat –
Il est le seul à sa ressemblance –

7

Si parfaite inconnue de moi, Celle
Qui de ne pas être connue – était
Promesse de Trésor – à ma porte
À présent pour creuser, la peine –
                        (À Maria Whitney)

8

"Soto" – Explore Thyself –
Therein – Thyself shalt find
The "Undiscovered Continent" –
No Settler – had the Mind –

9

I could not drink it, Sue,
Till you had tasted first –
Though cooler than the Water – was
The Thoughtfulness of Thirst –

10

Adventure most unto itself
The Soul condemned to be
Attended by a single Hound
It's own identity –

8

« Soto » – Explore-Toi –
Là – Tu découvriras
Le « Vierge Continent » –
Nul Colon – dans l'Esprit –
                        (À Austin Dickinson)

9

Avant que tu l'aies goûté, Sue,
Je ne pouvais le boire –
Mais plus fraîche que l'Eau – fut
L'Attention à la Soif –
                        (À Susan Dickinson)

10

À l'aventure avant tout en soi
L'Âme est condamnée
La suit une Meute unique
Son identité –
                        (À Susan Dickinson)

11

The only News I know
Is Bulletins all day
From Immortality.

12

Between My Country – and the Others –
There is a Sea –
But Flowers – negotiate between us –
As Ministry.

13

Defrauded I a Butterfly –
The lawful Heir – for Thee –

14

Time is a test of trouble
But not a remedy –
If such it prove – it prove too
There was no malady.

11

Mes seules Nouvelles :
Des Bulletins à toute heure
De l'Immortalité.

(Lettre à T.W. Higginson)

12

Une Mer sépare – du Mien –
Les autres Pays –
Mais les Fleurs – en Ambassadrices –
Entre nous négocient –

13

Pour Toi – j'ai spolié un Papillon –
L'Héritier selon la loi –

14

Le Temps est une épreuve du chagrin
Mais non un remède –
S'il s'avère tel – il prouve par là
L'absence de maladie.

(Lettre à T.W. Higginson)

15

Soil of Flint, if steady tilled,
Will refund the Hand —
Seed of Palm, by Lybian Sun
Fructified in Sand —

16

The Dust behind I strove to join
Unto the Disk before —
But Sequence ravelled out of Sound
Like Balls opon a Floor —

17

If Blame be my side — forfeit Me —
But doom me not to forfeit Thee —
To forfeit Thee? The very name
Is sentence from Belief — and Home —

15

Sol de Silex, bien labouré,
Paiera de retour le Bras –
Graine de Palmier, au Soleil Lybien
Dans le Sable fructifiera –
                    (À Susan Dickinson)

16

La Cendre passée, je voulais la joindre
Au Disque futur –
Mais la Séquence s'est emmêlée sans Bruit
Comme Pelotes au Sol –
                    (À Susan Dickinson)

17

Si la Faute est mienne – renie-Moi –
Mais à Te renier ne me voue point –
Te renier ? Le terme même
Bannit de la Foi – et du Foyer –

18

Least Bee that brew – a Honey's Weight
The Summer multiply –
Content Her smallest fraction help
The Amber Quantity –

19

To wait an Hour – is long –
If Love be just beyond –
To wait Eternity – is short –
If Love reward the end –

20

Fame's Boys and Girls, who never die
And are too seldom born –

21

Her sovreign People
Nature knows as well
And is as fond of signifying
As if fallible –

18

La moindre Abeille qui distille – un Poids de Miel
Multiplie l'Été –
Heureuse que Son infime part s'ajoute
Au Volume Ambré –

(À Susan Dickinson)

19

Attendre une Heure – est long –
Si l'Amour est en vue –
Attendre l'Éternité – est bref –
Si l'Amour est au bout –

20

Enfants de la Gloire, qui jamais ne meurent
Et naissent trop rarement –

21

Ses Sujets souverains
La Nature les connaît aussi bien
Et aime autant user de signes
Que s'ils étaient faillibles –

(Billet adressé à Susan Dickinson)

22

Purple – is fashionable twice –
This season of the year,
And when a soul perceives itself
To be an Emperor.

23

An Hour is a Sea
Between a few, and me –
With them would Harbor be –

24

Absence disembodies – so does Death
Hiding individuals from the Earth
Superstition helps, as well as love –
Tenderness decreases as we prove –

25

That Distance was between Us
That is not of Mile or Main –
The Will it is that situates –
Equator – never can –

22

La Pourpre – est deux fois à la mode –
En cette saison-ci,
Et lorsqu'une âme se perçoit
En Impératrice.

23

Une Heure est une Mer
Entre certains et moi –
Être avec eux serait Havre –
(Lettre à Susan Dickinson)

24

L'Absence désincarne – la Mort de même
Qui dérobe les individus à la Terre
La superstition aide, aussi bien que l'amour –
La tendresse décroît à mesure qu'on prouve –

25

Il y avait cette Distance entre Nous
Qui n'est ni de Borne ni d'Océan –
C'est la Volonté qui situe –
L'Équateur – y est impuissant –

26

They ask but our Delight –
The Darlings of the Soil
And grant us all their Countenance
For a penurious smile –

27

Be Mine the Doom –
Sufficient Fame –
To perish in Her Hand!

28

An Everywhere of Silver
With Ropes of Sand
To keep it from effacing
The Track called Land –

29

As Willing lid o'er Weary Eye
The Evening on the Day leans
Till of all our Nature's House
Remains but Balcony

26

Elles ne veulent que nos Délices –
Ces Chéries du Terroir
Et nous offrent leur entière Physionomie
Contre un sourire avare –

27

Mien soit ce Destin –
Gloire suffisante –
Périr dans Sa Main !

28

Un Alentour d'Argent
Et des Cordes de Sable
Pour qu'il n'efface pas
La Terre, cette Piste –

29

Comme sur l'Œil Las la paupière Docile
Le Soir sur le Jour s'incline
Et de toute la Maison de la Nature
Ne subsiste que le Balcon

30

Before He comes, We weigh the Time,
'Tis Heavy, and 'tis Light –
When He departs, An Emptiness
Is the superior Freight –

31

Finite – to fail, but infinite – to Venture –
For the one ship that struts the shore
Many's the gallant – overwhelmed Creature
Nodding in Navies Nevermore –

32

The good Will of a Flower
The Man who would possess
Must first present Certificate
Of minted Holiness.

30

Avant qu'Il vienne, On soupèse le Temps,
Il est Lourd, et il est Léger –
Quand Il s'en va, Une Vacance
Fait pencher la Balance –
                    (À Samuel Bowles)

31

Fini – l'échec, mais infinie – l'Aventure –
Pour un navire paradant sur la côte
Plus d'une fière – Créature engloutie
Plus ne ballotte parmi les Flottes –

32

La bonne Volonté d'une Fleur
L'Homme qui s'en voudrait doter
Doit présenter d'abord un Certificat
Avec sceau de Sainteté.

33

Her Grace is all she has,
And that, so least displays,
One art, to recognize, must be,
Another Art, to praise –

34

Apology for Her
Be rendered by the Bee –
Herself, without a Parliamant
Apology for Me –

35

A Death blow is a Life blow to Some
Who till they died, did not alive become –
Who had they lived – had died but when
They died, Vitality begun –

33

Elle n'a que sa Grâce,
Et celle-ci, si peu s'étale –
Qu'il faut un art pour la déceler,
Un autre Art, pour la louer.

(À Susan Dickinson)

34

Son Apologie à Elle
Incombe à l'Abeille –
Elle-même, sans Tribunal,
Sera Mon Avocat –

35

Un coup Mortel est un coup Vital pour Certains
Qui avant leur mort, n'étaient pas venus à la vie –
Qui s'ils avaient vécu – seraient morts mais quand
Ils moururent, la Vitalité vint –

(À Susan Dickinson
et T.W. Higginson)

36

Fame is the tint that Scholars leave
Opon their Setting Names –
The Iris not of Occident
That disappears as comes –

37

Peace is a fiction of our Faith –
The Bells a Winter Night
Bearing the Neighbor out of Sound
That never did alight

38

Not what We did, shall be the Test,
When Act and Will – are done,
But what Our Lord inferred We would,
Had we Diviner, been –

39

Love – is anterior to Life –
Posterior – to Death –
Initial of Creation, and
The Exponent of Earth –

36

La Gloire est le halo que laisse le Lettré
Sur son Nom au Déclin –
Iris non point de l'Occident
Qui disparaît comme il vient –

37

La Paix est une fiction de notre Foi –
Cloches par une Nuit d'Hiver
Emportant hors d'Ouïe le Voisin
Qui jamais ne mit pied à terre.

38

Ce ne sont pas Nos faits, qui seront le Critère,
Acte et Volonté – accomplis,
Mais ce que Notre Seigneur déduit qu'ils seraient
Si nous étions plus Divins –
(À Susan Dickinson)

39

L'Amour – est antérieur à la Vie –
Postérieur – à la Mort –
Initiale de la Création, et
Exposant de la Terre –

40

His Bill an Augur is
His Head, a Cap and Frill
He laboreth at every Tree
A Worm, His utmost Goal –

41

The Spirit said unto the Dust
Old Friend, thou knewest me
And Time went out to tell the news
Unto Eternity –

42

Not so the infinite Relations – Below
Division is Adhesion's forfeit – On High
Affliction but a speculation – And Wo
A Fallacy, a Figment, We knew –

43

Lest this be Heaven indeed
An Obstacle is given
That always guages a Degree
Between Ourself and Heaven.

40

Vrille est son Bec,
Bonnet Plissé, sa Tête
Sur chaque Arbre il s'évertue
Un Ver, Son suprême But –

41

L'Esprit a dit à la Poussière
Vieille amie, tu me connaissais
Et le Temps est allé porter la nouvelle
À l'Éternité –

(Lettre à T.W. Higginson)

42

Tout autres, les Relations infinies – Sur Terre
La Division est perte d'Adhésion – Là-Haut
L'Affliction n'est que Spéculation – Le Malheur
Un Faux-semblant, une Fiction, jadis connus –

43

De peur que ce ne soit le vrai Ciel
Un Obstacle intervient
Qui toujours érige un Degré
Entre Nous et le Ciel.

44

The Stimulus, beyond the Grave
His Countenance to see
Supports me like imperial Drams
Afforded Day by Day.

45

Aurora is the effort
Of the Celestial Face
Unconsciousness of Perfectness
To simulate, to Us.

46

There is no Silence in the Earth — so silent
As that endured
Which uttered, would discourage Nature
And haunt the World —

47

The first We knew of Him was Death —
The second, was Renown —
Except the first had justified
The second had not been —

44

La perspective, par-delà la Tombe
De voir sa Contenance
Me soutient comme des Gouttes impériales
Administrées au Quotidien.

45

L'Aurore est l'effort
De la Face Céleste
Pour à Nos yeux feindre
L'Ignorance du Parfait.

46

Sous Terre il n'est pas Silence – plus silencieux
Que celui enduré
Qui énoncé, découragerait la Nature
Et hanterait l'Univers –

47

Nous L'avons connu d'abord par la Mort –
En second, par la Gloire –
Sans justification par la première
La seconde ne serait point –

48

Falsehood of Thee, could I suppose
'Twould undermine the Sill
To which my Faith pinned Block by Block
Her Cedar Citadel –

49

How still the Bells in Steeples stand
Till swollen with the Sky
They leap opon their silver Feet
In frantic Melody!

50

Ideals, are the Fairy Oil
With which We help the Wheel –
But when the Vital Axle turns –
The Eye rejects the Oil –

51

She rose as high as His Occasion
Then sought the Dust –
And lower lay in low Westminster
For Her brief Crest –

48

De Trahison, Te soupçonner
Serait miner la Traverse
Où Pièce à Pièce ma Foi a cloué
Sa Citadelle de Cèdre –

49

Que dans leurs Clochers sont calmes les Cloches
Avant, gonflées de Ciel,
De bondir sur leurs Pieds argentins
En folle Mélodie !

50

L'Idéal est l'Huile Magique
Avec quoi la Roue se lubrifie –
Mais que tourne l'Axe Vital –
Et l'Œil rejette l'Huile –
                    (À Susan Dickinson)

51

Elle s'éleva à hauteur de Son Avènement
Puis chercha la Poussière –
Et d'autant plus bas gît dans le bas Westminster
Que son Apex fut bref –

52

Did We abolish Frost
The Summer would not cease –
If Seasons perish or prevail
Is optional with Us –

53

Were it but Me that gained the Hight –
Were it but They, that failed!
How many things the Dying play –
Might they but live, they would!

54

The Hills in Purple syllables
The Day's Adventures tell
To little Groups of Continents
Just going Home from School –

55

To die – without the Dying
And live – without the Life
This is the hardest Miracle
Propounded to Belief.

52

Si Nous abolissions le Gel
L'Été ne cesserait pas –
Que les Saisons meurent ou règnent
Est à Notre choix –

53

Si c'était Moi qui gagnais l'Altitude –
Si c'était Eux, qui échouaient !
À tant de jeux se livrent les Mourants –
S'ils pouvaient vivre, ils vivraient !

54

Les Collines en syllabes Pourpres
Content les Aventures du Jour
À de petits Groupes de Continents
Qui s'en retournent de l'École –

55

Mourir – sans le Mourir
Et vivre – sans la Vie
Voilà le Miracle le plus ardu
Proposé à la Foi.

56

My Season's furthest Flower –
I tenderer commend
Because I found Her Kinsmanless –
A Grace without a Friend.

57

It rises – passes – on our South
Inscribes a simple Noon –
Cajoles a Moment with the Spires
And infinite is gone –

58

My Heart opon a little Plate
Her Palate to delight
A Berry or a Bun, would be,
Might it an Apricot!

59

'Twas my one Glory –
Let it be
Remembered
I was owned of Thee –

56

Mon extrême Fleur de la Saison –
Plus tendrement je la confie
Car je L'ai trouvée sans Parent –
Grâce privée d'Ami.

57

Il se lève – passe – sur notre Sud
Inscrit un simple Midi –
Cajole un Instant les Clochers
Et disparaît infini –

58

Mon Cœur sur un petit Plat
Pour le régal de son Palais
Brioche serait, ou Baie,
Pût-il être Abricot !

(À Louise et Frances Norcross)

59

C'était ma seule Gloire –
Qu'il soit
Fait mémoire
Que je fus à Toi –

60

Nor Mountain hinder Me
Nor Sea –
Who's Baltic
Who's Cordillera?

61

The Well opon the Brook
Were foolish to depend –
Let Brooks – renew of Brooks –
But Wells – of failless Ground!

62

It was not Saint – it was too large –
Nor Snow – it was too small –
It only held itself aloof
Like something spiritual –

63

To Whom the Mornings stand for Nights,
What must the Midnights – be!

60

Ni Montagne ne M'arrête
Ni Mer –
Qui est Baltique –
Qui, Cordillère ?

61

Dépendre du Ruisseau
Serait absurde pour la Source –
Que le Ruisseau – renaisse du Ruisseau –
Mais la Source – du Sol toujours sûr

62

Saint ce n'était point – car trop ample –
Neige non plus – car trop petit –
Ça se tenait seulement à distance
Comme une chose de l'esprit –

63

Pour Qui les Matins sont synonymes de Nuits,
Que doivent être – les Minuits !

64

Noon – is the Hinge of Day –
Evening – the Tissue Door –
Morning – the East compelling the Sill
Till all the World is ajar –

65

Herein a Blossom lies –
A Sepulchre, between –
Cross it, and overcome the Bee –
Remain – 'tis but a Rind –

66

How fortunate the Grave –
All Prizes to obtain,
Successful certain, if at last,
First Suitor not in vain.

67

That Such have died enable Us
The tranquiller to die –
That Such have lived,
Certificate for Immortality.

64

Midi – est le Gond du Jour –
Le Soir – la Portière –
Le Matin – l'Est qui pousse le Battant
Et entrouvre l'Univers –

65

Ci-gît une Fleur –
Un Sépulcre, en sépare –
Franchis-le, et vaincs l'Abeille –
Reste – ce n'est qu'une Peau –

66

Elle a de la chance, la Tombe –
De rafler tous les Prix –
Succès garanti, car fût-ce à la fin,
Premier Galant non en vain.

67

Que de Pareils soient morts Nous permet
De mourir plus sereins –
Que de Pareils aient vécu,
Garantie d'Immortalité.

68

To help our Bleaker Parts
Salubrious Hours are given
Which if they do not fit for Earth –
Drill silently for Heaven –

69

We outgrow love, like other things
And put it in the Drawer –
Till it an Antique fashion shows –
Like Costumes Grandsires wore.

70

If Nature smiles – the Mother must
I'm sure, at many a whim
Of Her eccentric Family –
Is She so much to blame?

71

Of the Heart that goes in, and closes the Door
Shall the Playfellow Heart complain
Though the Ring is unwhole, and the Company broke
Can never be fitted again?

68

Pour aider nos Côtés plus Sombres
Des Heures salubres sont dispensées
Qui à défaut de rendre apte à la Terre –
En silence rompent au Ciel –

69

L'amour devient trop petit, comme le reste
On le range dans un Tiroir –
Puis un jour sa mode apparaît Désuète –
Comme l'Habit que portaient nos Aïeux.

70

Si la Nature sourit – ce que fait la Mère,
C'est sûr, de maint caprice
De Son excentrique Famille –
Est-Elle si répréhensible ?

71

Du Cœur qui entre, et referme sur lui la Porte
Son Compagnon de jeux se plaindra-t-il
Si le Cercle est incomplet, et la Société faillie
Impossible à reconstruire ?

III. 1866-1876

Pendant cette décennie, le rythme de composition des quatrains se ralentit, par rapport aux années précédentes, comme d'ailleurs celui des poèmes dans leur ensemble : on en compte moins de soixante-dix. Les années du début de la décennie sont particulièrement pauvres. Le rythme s'accélère cependant un peu après 1870. En revanche, la proportion de ceux qui sont adressés à des amis ou inclus dans des lettres tend à augmenter.

Les principaux destinataires sont Susan Dickinson et T.W. Higginson.

Les turbulences intérieures qui avaient provoqué le raz de marée poétique se sont, du moins en apparence, apaisées. À l'extérieur, rien ne vient rompre le cours de l'existence de plus en plus retirée que mène le poète. La visite que lui rend T.W. Higginson en 1870 en prend d'autant plus de relief. Vers la fin de cette période se produit un événement capital : le décès d'Edward Dickinson, son père, en 1874. Cette mort inaugure la série des « quatrains-élégies », qui occuperont une place prépondérante dans la poésie d'Emily à mesure qu'elle perdra des êtres proches.

1

Count not that far that can be had
Though sunset lie between
Nor that adjacent that beside
Is further than the sun.

2

Paradise is of the Option –
Whosoever will
Own in Eden notwithstanding
Adam, and Repeal.

3

Distance – is not the Realm of Fox
Nor by Relay of Bird
Abated – Distance is
Until thyself, Beloved.

1

Ne juge pas si lointain ce qui peut s'atteindre
Bien que le couchant t'en sépare
Ni si proche ce qui, voisin,
Est plus loin que le soleil.

(Lettre à Elizabeth Holland)

2

Le Paradis est au Choix –
Quiconque l'élit
Aura part à l'Éden nonobstant
Adam et l'Exil.

(Lettre à T. W. Higginson)

3

La Distance – n'est pas Aire de Renard
Ni par Relais d'Oiseau
Diminuée – la Distance est
Jusqu'à toi, mon Amour.

(À Susan Dickinson)

4

Some Wretched creature, savior take
Who would exult to die
And leave for thy sweet mercy's sake
Another Hour to me

5

Soul, take thy risk,
With Death to be
Were better than be not with thee

6

In thy long Paradise of Light
No moment will there be
When I shall long for Earthly Play
And mortal Company –

7

Soft as the massacre of Suns
By Evening's sabres slain

4

Sauveur, prends un Pauvre hère
Qui exulterait de mourir
Et par égard pour ta douce miséricorde,
Laisse-moi encore une Heure

5

Âme, cours ton risque,
Être avec la Mort
Vaudrait mieux qu'avec toi ne pas être

6

Dans ton long Paradis de Lumière
À nul instant je n'aurai
La nostalgie du Théâtre Terrestre
Et de la Troupe mortelle –

7

Sourd comme le massacre de Soleils
Occis par les sabres du Soir

8

The longest day that God appoints
Will finish with the sun.
Anguish can travel to it's stake,
And then it must return.

9

Best Witchcraft is Geometry
To the magician's mind –
His ordinary acts are feats
To thinking of mankind –

10

The Work of Her that went,
The Toil of Fellows done –
In Ovens green our Mother bakes,
By Fires of the Sun –

8

Le jour le plus long fixé par Dieu
Avec le soleil prendra fin.
L'angoisse peut aller jusqu'à son pieu,
Puis doit rebrousser chemin.

(Lettre à Louise et Frances
Norcross)

9

La meilleure Magie est Géométrie
Dans l'esprit du magicien –
Ses actes ordinaires, des exploits
Pour la pensée des humains –

10

Œuvre de Celle en allée,
Le Labeur des Siens accompli –
Dans des Fours verts notre Mère cuit son pain,
Aux Feux du Soleil –

(À Susan Dickinson)

11

The Duties of the Wind are few –
To cast the ships at Sea –
Establish March – the Floods escort
And usher Liberty.

12

When Etna basks and purrs
Naples is more afraid
Than when she shows her Garnet Tooth –
Security is loud –

13

Were it to be the last
How infinite would be
What we did not suspect was marked
Our final interview.

11

Peu nombreuses les Tâches du Vent –
Couler les bateaux en Mer –
Installer Mars – escorter les Crues
Introduire la Liberté.
(À Susan Dickinson)

12

Quand l'Etna somnole et ronronne
Naples est plus effrayée
Que lorsqu'il montre ses Dents de Grenat –
Bruyante est la Sécurité –
(À Susan Dickinson)

13

Si elle devait être l'ultime
Combien serait infinie
L'entrevue marquée à notre insu
Au sceau du définitif.
(Lettre à Catherine Sweetser)

14

I bet with every Wind that blew
Till Nature in chagrin
Employed a Fact to visit me
And scuttle my Balloon –

15

Some Days retired from the rest
In soft distinction lie
The Day that a Companion came
Or was obliged to die –

16

Of Nature I shall have enough
When I have entered these
Entitled to a Bumble bee's
Familiarities –

14

Je pariais avec tout Vent qui va
Lorsque la Nature chagrine
Chargea un Fait de me punir
Et de saborder mon Ballon –
                    (À Susan Dickinson ?)

15

Certains Jours retranchés des autres
Tendrement se différencient
Le Jour où un Compagnon arriva
Ou fut contraint de mourir –
                    (À Susan Dickinson)

16

De la Nature je serai repue
Quand ici j'aurai pénétré
D'un Bourdon admise
Aux Privautés –

17

The Suburbs of a Secret
A Strategist should keep –
Better than on a Dream intrude
To scrutinize the Sleep –

18

The incidents of Love
Are more than it's Events –
Investment's best expositor
Is the minute Per Cents –

19

Trust adjusts her "Peradventure" –
Phantoms entered "and not you."

20

Where every Bird is bold to go
And Bees abashless play
The Foreigner before he knocks
Must thrust the Tears away –

17

Les Faubourgs d'un Secret
Le Stratège doit les garder –
Plutôt que d'envahir un Rêve
Pour épier le Sommeil –
                    (À Susan Dickinson)

18

Les incidents de l'Amour
Surpassent ses Événements –
Du Placement le meilleur révélateur
Est l'infime Pour Cent –
                    (À Susan Dickinson)

19

L'Espoir adapte son « D'aventure » –
Des fantômes sont entrés « et non vous ».
                    (Lettre à T.W. Higginson)

20

Où tout Oiseau a l'audace d'aller,
Où l'Abeille joue sans gêne,
L'Étranger avant de frapper
Doit balayer les Larmes –

21

The Riddle that we guess
We speedily despise –
Not anything is stale so long
As Yesterday's Surprise.

22

Experiment escorts us last –
His pungent company
Will not allow an Axiom
An Opportunity –

23

Too happy Time dissolves itself
And leaves no remnant by –
'Tis Anguish not a Feather hath
Or too much weight to fly –

21

L'Énigme qu'on devine
Bien vite on la méprise –
Rien ne s'évente aussi longtemps
Que d'Hier la Surprise –
(Lettre à T.W. Higginson)

22

L'Expérience nous escorte en dernier –
Son âpre société
Ne laissera pas à l'Axiome
De Possibilité –
(Lettre à T.W. Higginson)

23

Trop heureux, le Temps se dissout
Sans laisser de trace –
C'est que sans Plumes ou trop lourde
Pour voler est l'Angoisse –
(Lettre à T.W. Higginson)

24

Had we known the Ton she bore
We had helped the terror
But she straighter walked for Freight
So be her's the error —

25

Lest any doubt that we are glad that they were born Today
Whose having lived is held by us in noble holiday
Without the date, like Consciousness or Immortality —

26

God made no act without a cause —
nor heart without an aim —
Our inference is premature,
our premises to blame.

24

Eussions-nous su qu'elle portait une Tonne
Nous aurions calmé la terreur
Mais elle marchait plus droit sous le Poids
À elle revient donc l'erreur –

25

Afin qu'on ne doute point de notre joie qu'en ce Jour
    soit née
Celle dont la vie est tenue par nous pour une noble fête
Sans date, comme la Conscience ou l'Immortalité –
              (À Susan Dickinson)

26

Dieu n'a pas créé d'acte sans cause –
ni de cœur sans dessein –
Notre déduction est prématurée,
fautives, nos prémisses.
              (Lettre à Louise et Frances
              Norcross)

27

White as an Indian Pipe
Red as a Cardinal Flower
Fabulous as a Moon at Noon
February Hour -

28

Society for me my misery
Since Gift of Thee —

29

Of so divine a Loss
We enter but the Gain,
Indemnity for Loneliness
That such a Bliss has been.

30

Lest they should come — is all my fear
When sweet incarcerated — here

27

Blanche comme Pipe d'Indien
Rouge comme Cardinale
Fabuleuse comme Lune en plein Jour
Heure de Février –

(À Susan Dickinson ?)

28

Supplice pour moi que la société
Depuis le Don de Toi –

29

D'un Deuil aussi divin
Nous n'inscrivons que le Gain,
Compensation pour la Solitude
Qu'un tel Délice fut.

(Lettre à Susan Dickinson)

30

Leur venue – est ma seule angoisse
Tendrement incarcérée – ici

31

All men for Honor hardest work
But are not known to earn –
Paid after they have ceased to work
In Infamy or Urn –

32

A Wind that woke a lone Delight
Like Separation's Swell –
Restored in Arctic confidence
To the Invisible.

33

Of Heaven above the firmest proof
We fundamental know –
Except for it's marauding Hand
It had been Heaven below –

31

Chacun travaille avant tout pour l'Honneur
Mais le salaire est inconnu –
Versé quand il a cessé son labeur
En Opprobre ou en Urne –

32

Un Vent qui éveillait une solitaire Volupté
Houle de la Séparation –
À l'invisible rendue
Dans une Arctique intimité.
(Lettre à T.W. Higginson)

33

Du Ciel d'en haut la preuve la plus sûre
Nous la connaissons en substance –
N'était sa Main maraudeuse
Ç'eût été le Ciel ici-bas –
(Lettre à T.W. Higginson)

34

Step lightly on this narrow spot -
The broadest Land that grows
Is not so ample as the Heart
These Emerald seams enclose —

35

Presuming on that lone result
His infinite Disdain
But vanquished him with my Defeat —
'Twas Victory was slain.

36

The Sun and Fog contested
The Government of Day —
The Sun took down his Yellow Whip
And drove the Fog away —

37

Had I not seen the Sun
I could have borne the shade
But Light a newer Wilderness
My Wilderness has made —

34

Foule d'un pas léger ce lieu étroit –
La plus vaste Terre en culture
N'est pas aussi ample que le Cœur
Enclos dans ces plis Émeraude –
(À Susan Dickinson)

35

Fondant sur ce résultat solitaire
Son Dédain infini
Mais le vainquis par ma Défaite –
Et la Victoire périt.
(Lettre à T.W. Higginson)

36

Soleil et Brouillard se disputaient
Le Gouvernement du Jour –
Le Soleil a décroché son Fouet Jaune
Et chassé le Brouillard –

37

Si je n'avais vu le Soleil
J'aurais supporté l'ombre
Mais de mon Désert la Lumière
A fait un plus neuf Désert –

38

If my Bark sink
'Tis to another Sea –
Mortality's Ground Floor
Is Immortality –

39

Look back on Time, with kindly Eyes –
He doubtless did his best –
How softly sinks that trembling Sun
In Human Nature's West –

40

Let my first knowing be of thee
With morning's warming Light –
And my first Fearing, lest Unknowns
Engulph thee in the night –

38

Si ma Barque sombre
C'est vers une autre Mer –
Le Rez-de-Chaussée du Mortel
Est l'Immortalité –

39

Jette sur le Temps un Œil indulgent –
Il fit sans doute de son mieux –
Avec quelle douceur sombre ce Soleil tremblant
À l'Ouest de l'Humain –

40

Que ma première certitude soit de toi
À la chaude Clarté du matin –
Et ma première Crainte, que l'Inconnu
Dans la nuit ne t'engloutisse –

41

Our own possessions – though our own –
'Tis well to hoard anew –
Remembering the Dimensions
Of Possibility.

42

A word left careless on a page
May consecrate an eye,
When folded in perpetual seam
The wrinkled author lie.

43

Menagerie to me
My Neighbor be.

41

Nos propres possessions – quoique nôtres –
Il est bon de les engranger de neuf –
Nous rappelant les Dimensions
Du Possible –

> *(À Susan Dickinson* et *lettre à
> T.W. Higginson)*

42

Un mot jeté sur une page
Peut consacrer un œil,
Quand en la pliure éternelle
Gît son auteur ridé.

> *(Lettre à Louise et Frances
> Norcross)*

43

Ménagerie pour moi
Mon Prochain soit.

> *(Lettre à T.W. Higginson)*

44

The Beggar at the Door for Fame
Were easily supplied
But Bread is that Diviner thing
Disclosed to be denied

45

In this short Life that only lasts an hour
How much — how little — is within our power

46

The Face we choose to miss —
Be it but for a Day
As absent as a Hundred Years,
When it has rode away —

47

Not one by Heaven defrauded stay —
Although he seems to steal
He restitutes in some sweet way
Secreted in his will —

44

Le Mendiant à la Porte de la Gloire
Serait aisément pourvu
Mais le Pain est cet aliment plus Divin
Retiré sitôt qu'entrevu

45

Dans cette Vie brève qui ne dure qu'une heure
Tant de choses – si peu – sont en notre pouvoir

46

Le Visage qui par choix nous manque –
Ne fût-ce qu'une Journée
Son absence équivaut à un Siècle
Quand il s'est éloigné –
                    (À Susan Dickinson ?)

47

Nul par le Ciel ne demeure frustré –
S'il semble nous voler
Il restitue d'une exquise manière
Au secret de son legs –

48

Silence is all we dread.
There's Ransom in a Voice —
But Silence is Infinity.
Himself have not a face.

49

When Memory is full
Put on the perfect Lid —
This Morning's finest syllable
Presumptuous Evening said —

50

Confirming All who analyze
In the Opinion fair
That Eloquence is when the Heart
Has not a Voice to spare —

48

Le Silence est notre seule crainte.
Il y a dans la Voix un Rachat –
Mais le Silence est l'Infini.
Il n'a pas de visage.

(Lettre à Susan Dickinson)

49

Quand la Mémoire est pleine
Mets le parfait Couvercle –
La plus belle syllabe de ce Matin
Présomptueuse dite le Soir –

(À Elizabeth Holland)

50

Confortant Tous les analystes
Dans le juste Diagnostic
Qu'Éloquence il y a quand au Cœur
Pas une Voix ne manque –

(À Susan Dickinson)

51

The Butterfly in honored Dust
Assuredly will lie
But none will pass the Catacomb
So chastened as the Fly –

52

Warm in her Hand these accents lie
While faithful and afar
The Grace so awkward for her sake
It's fond subjection wear -

53

To break so vast a Heart
Required a Blow as vast –
No Zephyr felled this Cedar straight –
'Twas undeserved Blast –

54

When Continents expire
The Giants they discarded – are
Promoted to endure –

51

Le Papillon en glorieuse Poussière
Reposera sans aucun doute
Mais nul ne franchira la Catacombe
Aussi mortifié que la Mouche –

52

Chaleureux dans sa Main sont ces accents
Tandis que fidèle et lointaine
La Grâce si gauche par amour d'elle
Revêt sa tendre soumission –

53

Briser un aussi vaste Cœur
Exigeait un Coup aussi vaste –
Nul Zéphyr n'a abattu ce haut Cèdre –
Mais une injuste Rafale –

54

Quand les Continents expirent
Les Géants qu'ils écartèrent –
Accèdent à la durée –
(Lettre à Sarah Jenkins)

55

The vastest earthly Day
Is shrunken small
By one Defaulting Face
Behind a Pall –

56

Surprise is like a thrilling – pungent –
Opon a tasteless meat.
Alone – too acrid – but combined
An edible Delight –

57

Of Life to own –
From Life to draw –
But never touch the Reservoir –

58

From his slim Palace in the Dust
He relegates the Realm,
More loyal for the exody
That has befallen him.

55

Par Défaut d'un seul Visage
Derrière un Poêle –
Le Jour terrestre le plus vaste
Est rapetissé –

56

La Surprise est comme un piment – fort –
Dans un mets fade.
Trop âcre – en soi – mais mélangé
Régal consommable –

57

Avoir part à la Vie –
Puiser dans la Vie –
Mais ne jamais toucher au Réservoir –
                    (Lettre à T.W. Higginson)

58

De son mince Palais dans la Poussière
Il remet le Royaume,
Plus loyal de par l'exode
Qui lui est dévolu.

59

The Infinite a sudden Guest
Has been assumed to be –
But how can that stupendous come
Which never went away?

60

I felt as if the Grass was pleased
To have it intermit,
This Surreptitious Scion
Of Summer's Circumspect.

61

How soft his Prison is –
How sweet those sullen Bars –
No Despot – but the King of Down
Invented that Repose!

59

L'Infini est un Hôte soudain
Selon l'opinion admise –
Mais comment ce prodigieux peut-il advenir
Qui n'est jamais parti ?

60

Il m'a semblé que l'Herbe était heureuse
Qu'il soit escamoté,
Ce Subreptice Rejeton
De la Prudence de l'Été.

(Lettre à T.W. Higginson)

61

Que moelleuse est sa Prison –
Et doux ces tristes Barreaux –
Nul Despote – mais le Roi du Duvet
A inventé ce Repos !

(Lettre à Elizabeth Holland)

62

Who fleeing from the Spring
The Spring avenging fling
To Dooms of Balm —

63

Unto the Whole — how add?
Has "All" a further Realm —
Or Utmost an Ulterior?
Oh, Subsidy of Balm!

64

Nature assigns the Sun —
That — is Astronomy —
Nature cannot enact a Friend —
That — is Astrology.

62

Qui va fuyant le Printemps,
Le Printemps vengeur le condamne
À des Destins de Baume —

> *(Billet adressé à Helen Hunt*
> *Jackson)*

63

À la Somme — comment ajouter ?
Le « Tout » a-t-il un autre Royaume —
Ou l'Ultime un Ultérieur ?
Oh, Subside du Baume !

64

La Nature appointe le Soleil —
Voilà — l'Astronomie —
La Nature ne peut décréter l'Ami —
Voilà — l'Astrologie.

> *(Lettre à Elizabeth Holland)*

IV. 1876-1886

Liée plus étroitement que jamais à la correspondance, la production des quatrains est très abondante pendant cette décennie. Le nombre des poèmes brefs dépasse la centaine – soit plus d'un tiers de la production totale de cette période.

T.W. Higginson et Susan Dickinson demeurent les principaux destinataires, mais l'éventail s'ouvre plus largement. De nouveaux noms font leur apparition, tel celui de Mabel Loomis Todd, la future éditrice des Poèmes *et des* Lettres, *entrée un peu avant 1884 dans le cercle des amis d'Emily.*

Si les années 1876 et 1877 marquent une soudaine recrudescence des poèmes brefs, le rythme se relâche ensuite jusqu'aux années 1883 et 1884, où la disparition d'êtres chers à Emily, son neveu ou le juge Otis Lord, suscite de nombreux « quatrains-élégies ». En revanche, au cours des deux dernières années de sa vie (1885-1886), la production décroît radicalement. Seulement huit poèmes brefs sont composés, dont six en 1885 et deux en 1886.

1

To his simplicity
To die – was little Fate –
If Duty live – contented
But her Confederate.

2

The Treason of an accent
Might Ecstasy transfer –
Of her effacing Fathom
Is no Recoverer –

*

The Treason of an Accent
Might vilify the Joy –
To breathe – corrode the rapture
Of Sanctity to be –

1

Pour sa simplicité
Mourir – était un Sort léger –
Si vit le Devoir – comblé
De n'être que Confédéré.

(Lettre à T.W. Higginson et à
Mr and Mrs Jenkins)

2

La Trahison d'un accent
Peut transférer l'Extase –
De sa Profondeur qui s'efface
Nul Recouvrement –

(Lettre à T.W. Higginson)

*

La Trahison d'un Accent
Peut dégrader la Joie –
Respirer – corroder l'ivresse
De la possible Sainteté –

(À Susan Dickinson)

3

Take all away –
The only thing worth larceny
Is left – the Immortality –

4

I sued the News – yet feared – the News
That such a Realm could be –
"The House not made with Hands" it was –
Thrown open wide – to me –

5

Love's stricken "why"
Is all that love can speak –
Built of but just a syllable,
The hugest hearts that break.

3

Ôtez tout – reste
La seule chose digne d'un larcin –
L'Immortalité –

(Lettre à T.W. Higginson)

4

J'appelais – et redoutais – la Nouvelle
Qu'un tel Royaume pût être –
C'était « La Demeure non bâtie par des Mains » –
Pour moi – grande ouverte –

(Lettre à T.W. Higginson)

5

Le « pourquoi » navré de l'amour
Est tout ce que l'amour peut dire –
De deux syllabes sont bâtis
Les plus vastes cœurs qui se brisent.

(À Olive Stearns)

6

Of their peculiar light
I keep one ray
To clarify the Sight
To seek them by —

7

The Sun is one — and on the Tare
He doth as punctual call
As on the conscientious Flower
And estimates them all —

8

The worthlessness of Earthly things
The Ditty is that Nature Sings —
And then — enforces their delight
Till Synods are inordinate —

6

De leur éclat particulier
Je conserve un rayon
Afin dans ma quête
D'éclaircir ma Vision –

> *(Lettres à T.W. Higginson* et *à*
> *un destinataire inconnu)*

7

Un est le Soleil – qui à l'Ivraie
Ponctuel rend visite
Comme à la Fleur la plus zélée –
Et les estime toutes –

8

La vanité des choses Terrestres
De la Nature est le Refrain –
Mais – elle en ordonne la volupté
Jusqu'à dérégler les Synodes –

9

His Heart was darker than the starless night
For that there is a morn
But in this black Receptacle
Can be no Bode of Dawn

10

Touch lightly Nature's sweet Guitar
Unless thou know'st the Tune
Or every Bird will point at thee
Because a Bard too soon –

11

The Flake the Wind exasperate
More eloquently lie
Than if escorted to it's Down
By Arm of Chivalry.

12

Summer laid her simple Hat
On it's boundless Shelf –
Unobserved – a Ribin slipt,
Snatch it for yourself.

9

Plus obscur était son Cœur que la nuit sans étoiles
Car elle possède un matin
Mais en ce noir réceptacle
Nul Présage d'Aube ne point

10

De la Nature effleure la douce Guitare
À moins de connaître l'Air
Sans quoi tout Oiseau te désignera
Comme un trop précoce Barde –

11

Le Flocon qu'exaspère le Vent
Plus éloquent gît
Que si l'escorte vers sa Couche
Le Bras de la Courtoisie.
                    (Lettre à Mary Higginson)

12

L'Été a posé son Bonnet
Sur sa vaste Étagère –
À son insu – un Ruban a glissé,
Saisis-t'en pour toi-même.
                    (À Elizabeth Holland)

*

Summer laid her supple Glove
In it's sylvan Drawer –
Wheresoe'er, or was she –
The demand of Awe?

13

To wane without disparagement
In a dissembling hue
That will not let the Eye decide
If it abide or no

14

Of whose Electric Adjunct
Not anything is known –
Though it's unique Momentum
Inebriate our own.

*

L'Été a rangé son Gant souple
Dans son Tiroir sylvestre –
En tout lieu, ou a-t-il obéi –
À l'ordre de l'Effroi ?

(Lettre à T.W. Higginson)

13

Décliner sans déshonneur
Sous une couleur trompeuse
Qui ne laissera pas l'Œil décider
S'il va demeurer ou pas

(Billet adressé à Susan Dickinson et lettre à T.W. Higginson)

14

De son Auxiliaire électrique
On ignore tout –
Quoique son Énergie unique
Enivre la nôtre.

(Lettre à Mary Higginson)

15

They might not need me, yet they might —
I'll let my Heart be just in sight —
A smile so small as mine might be
Precisely their necessity —

16

Whose Pink career may have a close
Portentous as our own, who knows?
To imitate these neighbors fleet
In Awe and innocence, were meet.

17

Lay this Laurel on the One
Too intrinsic for Renown —
Laurel — vail your deathless Tree —
Him you chasten, that is He!

15

Ils n'ont pas besoin de moi, mais qui sait –
Je laisserai mon Cœur en vue –
Mon petit sourire pourrait bien être
Précisément ce qu'il leur faut –

(À Mr et Mrs Jenkins et lettre
à Mary Higginson)

16

Leur carrière d'Œillet peut avoir une issue
Prodigieuse comme la nôtre, qui sait ?
Imiter ces fugaces prochains
En Effroi et candeur, serait séant.

(Lettre à T.W. Higginson)

17

De ce Laurier ceignez un Être
Pour la Gloire trop intrinsèque –
Laurier – voile ton Arbre immortel –
C'est Lui, que tu mortifies !

(Lettre à T.W. Higginson)

18

Whe shun because we prize her Face
Lest sight's ineffable disgrace
Our Adoration stain

19

Such are the inlets of the mind —
His outlets — would you see
Ascend with me the eminence
Of Immortality —

20

To own a Susan of my own
Is of itself a Bliss —
Whatever Realm I forfeit, Lord,
Continue me in this!

21

Ourselves — we do inter — with sweet derision
The channel of the Dust — who once achieves —
Invalidates the Balm of that Religion
That doubts — as fervently as it believes —

18

Nous l'évitons car nous prisons sa Face
Et la vue, par son ineffable disgrâce,
Souillerait notre Adoration
                              (À Catherine Scott Anthon)

19

Telles sont les sources de l'esprit –
Pour voir – ses débouchés
Gravis avec moi l'éminence
De l'Immortalité –

20

Avoir ma Susan à moi
Est en soi une Joie –
Quelque Royaume que je perde, Seigneur,
Maintiens-moi en celui-là !
                              (À Susan Dickinson)

21

Avec une douce ironie – nous nous enterrons –
Le sillon de la Poussière – qui s'accomplit une fois –
Infirme le Baume de cette Religion
Qui doute – aussi ardemment qu'elle croit –
                              (Lettre à Samuel Bowles)

22

No Passenger was known to flee –
That lodged a Night in memory –
That wily – subterranean Inn
Contrives that none go out again –

23

Perhaps she does not go so far
As you who stay – suppose –
Perhaps comes closer, for the lapse
Of her Corporeal Clothes –

24

Could mortal lip divine
The undeveloped Freight
Of a delivered syllable
'Twould crumble with the weight.

22

Nul Voyageur n'est censé s'être enfui –
Qui en mémoire a logé une Nuit –
Cette rusée – Auberge souterraine
Fait qu'on n'en ressorte jamais –
                    (À Josiah Gilbert Holland)

23

Peut-être ne s'en va-t-elle pas aussi loin
Que vous qui restez – l'imaginez –
Et peut-être se rapproche, en la déchéance
De ses Vêtements Corporels –
                    (Billet adressé à T.W.
                    Higginson)

24

Si lèvre mortelle devinait
La Charge latente
D'une syllabe dite
Le poids la ferait s'effriter.
                    (À Samuel Bowles)

25

Not that he goes — we love him more
who led us while he stayed.
Beyond Earth's trafficking frontier,
for what he moved, he made.

26

Brother of Ingots — Ah Peru —
Empty the Hearts that purchased you —

*

Sister of Ophir — Ah Peru —
Subtle the Sum that purchase you —

*

Brother of Ophir
Bright Adieu —
Honor, the shortest route
To you —

25

Non qu'il s'en aille – nous l'aimons davantage
lui qui étant là nous guidait.
Par-delà le seuil mercantile de la Terre,
car ce qu'il mut, il le créait.

(Lettre à Mary Bowles)

26

Frère des Lingots – Ah Pérou –
Vides les Cœurs qui t'acquirent –

*

Sœur d'Ophir – Ah, Pérou –
Pour t'acquérir subtil le Débours –

(Billet adressé à Susan Dickinson)

*

Frère d'Ophir
Clair Adieu –
Honneur, route vers toi
La plus courte –

(Billet adressé à Sarah Tuckerman)

27

My Maker – let me be
Enamored most of thee –
But nearer this
I more should miss –

28

How ruthless are the gentle –
How cruel are the kind –
God broke his contract to his Lamb
To qualify the Wind –

29

These Fevered Days – to take them to the Forest
Where Waters cool around the mosses crawl –
And shade is all that devastates the stillness
Seems it sometimes this would be all –

30

How good his Lava Bed,
To this laborious Boy –
Who must be up to call the World
And dress the sleepy Day –

27

Mon Créateur – fais que je sois
Énamourée surtout de toi –
Mais il y a plus près
Qui plus me manquerait –
                              (À Susan Dickinson)

28

Qu'impitoyables sont les doux –
Et cruels les bienveillants –
Dieu a rompu son pacte avec l'Agneau
Pour habiliter le Vent –

29

Par ces Jours Fiévreux – les conduire à la Forêt
Où des Eaux coulent fraîches autour des mousses –
Et rien sinon l'ombre ne ravage la quiétude
Il semble parfois que ce serait tout –

30

Comme il est bon, son Lit de Lave,
Pour ce Garçon laborieux –
Qui doit se lever pour réveiller le Monde
Et vêtir le Jour ensommeillé –

31

Forbidden Fruit a flavor has
That lawful Orchards mocks –
How luscious lies within the Pod
The Pea that Duty locks –

32

Spurn the temerity –
Rashness of Calvary –
Gay were Gethsemane
Knew we of thee –

33

To see the Summer Sky
Is Poetry, though never in a Book it lie –
True Poems flee –

34

Opinion is a flitting thing,
But Truth, outlasts the Sun –
If then we cannot own them both –
Possess the oldest one –

31

Le Fruit défendu a une saveur
Qui nargue les Vergers licites –
Qu'il est succulent dans sa Cosse
Le Pois reclus par le Devoir –

32

Repousse la témérité –
Insolence du Calvaire –
Gai serait Gethsemani
Si tu nous donnais signe –
                    (À Helen Hunt Jackson)

33

Voir le Ciel d'Été
Est Poésie, bien qu'il ne soit point dans un Livre –
Les vrais Poèmes fuient –

34

L'opinion est chose fugace,
Mais la Vérité, survit au Soleil –
À défaut de détenir l'une et l'autre –
Possédons la plus vieille –
                    (Billet adressé à Susan Dickinson)

35

It stole along so stealthy
Suspicion it was done
Was dim as to the wealthy
Beginning not to own —

36

Time's wily Chargers will not wait
At any Gate but Woe's —
But there — so gloat to hesitate
They will not stir for blows —

37

His Cheek is his Biographer —
As long as he can blush
Perdition is Opprobrium —
Past that, he sins in peace —

35

Si sournoise la progression
L'idée que c'était accompli
Aussi vague que pour le riche
Un début de non-possession –
                    (À Susan Dickinson)

36

Les rusés Destriers du Temps ne font halte
Qu'à la Porte du Malheur –
Mais là – ils exultent tant d'hésiter
Que nul fouet ne les délogera –
                    (À Ned Dickinson)

37

Sa Joue est son Biographe –
Tant qu'il peut rougir
La Perdition est Opprobre –
Après, il pêche en paix –
                    (À Ned Dickinson)

38

If wrecked opon the Shoal of Thought
How is it with the Sea?
The only Vessel that is shunned
Is safe – Simplicity –

39

The Sweets of Pillage, can be known
To no one but the Thief –
Compassion for Integrity
Is his divinest Grief –

40

Estranged from Beauty – none can be –
For Beauty is Infinity –
And power to be finite ceased
Before Identity was leased –

41

We shall find the Cube of the Rainbow –
Of that – there is no doubt –
But the Arc of a Lover's conjecture
Eludes the finding out –

38

Si l'on s'échoue sur le Banc de la Pensée
Qu'en est-il en Mer ?
Le seul Vaisseau que l'on évite
Est sûr – la Simplicité –

39

Les Douceurs du Pillage, seul
Le Voleur les connaît –
La pitié pour l'Intégrité
Est son plus divin Chagrin –
(À Susan Dickinson)

40

Aliéné de la Beauté – nul ne peut l'être –
Car la Beauté est l'Infini –
Et le pouvoir du fini a cessé
Avant le bail de l'Identité –

41

Nous trouverons le Cube de l'Arc-en-Ciel –
Là-dessus – aucun doute –
Mais l'Arc des conjectures d'un Amant
Échappe à tout calcul –
(Lettre à Sarah Tuckerman)

42

The face in evanescence lain
Is more distinct than our's,
And our's, considered for it's sake
As capsules are for flower's.

43

A Dimple in the Tomb
Makes that ferocious Room
A Home —

44

Could that sweet Darkness where they dwell
Be once disclosed to us
the clamor for their loveliness
would burst the Loneliness —

42

Le visage qui gît dans l'évanescence
Se distingue mieux que le nôtre,
Et le nôtre, sous l'angle de son bien,
Comme capsules pour la fleur.

(À Maria Whitney)

43

Une Fossette dans la Tombe
Fait de cette Chambre féroce
Un Chez-soi –

(Lettre à T.W. Higginson)

44

Si la douce Ténèbre où ils demeurent
Pouvait nous être dévoilée
le cri pour réclamer leur beauté
forcerait la Solitude –

(Lettre à Maria Whitney)

45

Birthday of but a single pang
That there are less to come –
Afflictive is the Adjective
But affluent the doom –

46

The Stem of a departed Flower
Has still a silent rank –
The Bearer from an Emerald Court
Of a Despatch of Pink.

47

We never know we go – when we are going –
We jest and shut the door
Fate following behind us bolts it
And we accost no more.

45

Anniversaire d'un seul regret
Qu'il y en ait moins à venir –
Désolante la Contingence
Mais opulent le destin –

(À Susan Dickinson)

46

La Tige d'une Fleur disparue
Conserve un rang muet –
Porteuse depuis une Cour Émeraude
D'une Dépêche d'Œillet.

(À Sarah Tuckerman)

47

On ne sait jamais qu'on part – quand on part –
On plaisante, on ferme la porte
Le Destin, qui suit, derrière nous la verrouille
Et jamais plus on n'aborde.

*(Lettre à Louise et Frances
Norcross)*

48

All things swept sole away
This – is immensity –

49

Above Oblivion's Tide there is a Pier
And an effaceless "Few" are lifted there –
Nay – lift themselves – Fame has no Arms –
And but one Smile – that meagres Balms –

50

How fleet – how indiscreet an one –
how always wrong is Love –
The joyful little Deity
We are not scourged to serve –

51

There comes a warning like a spy
A shorter breath of Day
A stealing that is not a stealth
And summer is away –

48

Toutes choses balayées
Voilà – l'immensité –
(Lettre à T. W. Higginson)

49

Sur la Mer de l'Oubli il est une Jetée
Une « Poignée » d'ineffaçables y est haussée –
Ou plutôt – s'y hausse – La Gloire est sans Bras –
Et son Sourire rare – émacie les Baumes –

50

Qu'il est preste – indiscret –
et toujours se trompe, l'Amour –
Ce joyeux petit Dieu que nul fouet
Ne nous contraint à servir –
(Lettre à Otis Lord)

51

Vient un signal comme un espion
Un souffle du Jour plus bref
Une dérobée sans trace de vol
Et les étés sont loin –

52

"Go traveling with us"!
Her *Travels daily be*
By routes of ecstasy
To Evening's Sea –

53

No Autumn's intercepting Chill
Appalls this Tropic Breast –
But African Exuberance
And Asiatic rest –

54

How much of Source escapes with thee –
How chief thy sessions be –
For thou hast borne a universe
Entirely away.

52

« Viens voyager avec nous ! »
Quotidiens soient *ses* voyages
Par des routes d'extase
Vers l'Océan du Soir –
                              (Lettre à T.W. Higginson)

53

Nul adverse Frisson d'Automne
N'étonne cette Gorge Tropicale –
Mais l'Exubérance de l'Afrique
Le calme de l'Asie.
                              (À Susan Dickinson et *lettre à*
                              Elizabeth Holland)

54

Que de Source s'échappe avec toi –
Suprêmes tes sessions –
Car c'est un univers que tu as
Emporté tout entier.
                              (Lettre à Elizabeth Holland)

55

Follow wise Orion
Till you waste your Eye –
Dazzlingly decamping
He is just as high –

56

Come show thy Durham Breast to her who loves thee best,
Delicious Robin,
And if it be not me, at least within my Tree
Do thy Avowing –

57

Obtaining but our own extent
In whatsoever Realm –
'Twas Christ's own personal Expanse
That bore him from the Tomb –

55

Suivez le sage Orion
Jusqu'à épuiser l'Œil –
Avec éclat s'éclipsant
Il garde son altitude –

(À Susan Dickinson)

56

Viens, montre ta Gorge de Durham à ta plus tendre
  amante,
Délicieux Rouge-Gorge,
Et sinon à moi, du moins dans mon Arbre
Fais ton Aveu –

(Lettre à T.W. Higginson)

57

N'obtenant que notre stature
En tout Royaume –
Le Christ doit à sa propre Envergure
D'être libéré de la Tombe –

*(Lettres à T.W. Higginson et
James Clark)*

58

Now I lay thee down to Sleep –
I pray the Lord thy Dust to keep –
And if thou live before thou wake –
I pray the Lord thy Soul to make –

59

No matter where the Saints abide,
They make their Circuit fair
Behold how great a Firmament
Accompanies a Star.

60

The pattern of the sun
Can fit but him alone
For sheen must have a Disk
To be a sun –

61

Within thy Grave!
Oh no, but on some other flight –
Thou only camest to mankind
To rend is with Good night –

58

À présent je te laisse au Sommeil –
Que le Seigneur garde ta Poussière –
Et si tu vis avant de t'éveiller –
Veuille le Seigneur te forger une Âme –
(À Susan Dickinson)

59

Où que demeurent les Saints,
Ils rendent leur Orbite plus belle
Vois quel grandiose Firmament
Accompagne une Étoile.
(À Susan Dickinson)

60

La forme du soleil
Ne sied qu'à lui seul
Car il faut un Disque à l'éclat
Pour être soleil –

61

Dans ta Tombe !
Oh non, mais sur une autre trajectoire –
Tu n'es venu parmi les hommes
Que pour les déchirer d'un Bonsoir –

62

Bliss is the Plaything of the child –
The Secret of the man
The sacred stealth of Boy and Girl
Rebuke it if we can

63

Lives he in any other world
My faith cannot reply
Before it was imperative
'Twas all distinct to me –

64

Tried always and Condemned by thee
Permit me this reprieve
That dying I may earn the look
For which I cease to live –

62

La Joie est le Jouet de l'enfant –
Le Secret de l'homme
Le larcin sacré de la Fille et du Garçon
Qu'on le blâme si on l'ose

63

Vit-il dans un autre monde
Ma foi ne peut répondre
Avant que ce ne fût crucial
Tout était clair pour moi –

64

Par toi Éprouvée sans cesse et Condamnée
Accorde-moi ce sursis
Que mourant j'obtienne le regard
Pour lequel je cesse de vivre –

65

The Clock strikes one that just struck two –
Some schism in the Sum –
A Vagabond from Genesis
Has wrecked the Pendulum –

66

A Sloop of Amber slips away
Upon an Ether Sea,
And wrecks in peace a Purple Tar, –
The Son of Ecstasy –

67

Not at Home to Callers
Says the Naked Tree –
Bonnet due in April –
Wishing you Good Day –

65

L'Horloge sonne une heure, qui vient d'en sonner
    deux –
Un schisme dans la Somme –
Un Vagabond venu de la Genèse
A détruit le Balancier –

(À Sarah Tuckerman et *lettre
à Elizabeth Holland)*

66

Un Sloop d'Ambre glisse au loin
Sur une Mer d'Éther
Et coule en paix un Pourpre Flibustier,
Fils de l'Extase –

*(Billet adressé au Professeur
Tuckerman ?)*

67

Je n'y suis pour Personne
Dit l'Arbre Nu –
Chapeau prêt en Avril –
Bien le Bonjour –

(À son neveu, Gilbert Dickinson)

68

Lad of Athens, faithful be
To thyself,
And Mystery –
All the rest is Perjury –

69

How slow the Wind – how slow the Sea –
how late their Feathers be!

70

Candor – my tepid friend –
Come not to play with me –
The Myrrhs, and Mochas, of the Mind
Are it's iniquity –

68

Gars d'Athènes, sois fidèle
À toi-même
Et au Mystère –
Tout le reste est Parjure –
(Lettre au jeune Samuel Bowles?)

69

Que lent est le Vent – que lente est la Mer –
et lointaines leurs Palmes !
(Billet adressé à Sarah Tuckerman)

70

Franchise – ma tiède amie –
Avec moi ne viens pas jouer –
Les Myrrhes, et les Mokas de l'Esprit
Sont sa perversité –
(Billet adressé à Susan Dickinson)

71

Who has not found the Heaven — below —
Will fail of it above —
For Angels rent the House next our's,
Wherever we remove —

72

Where Roses would not dare to go,
What Heart could find the way,
And so I send my Crimson Scouts
To test the Enemy —

73

Witchcraft was hung, in History,
But History and I
Find all the Witchcraft that we need
Around us, Every Day —

71

Qui n'a pas trouvé le Ciel – ici-bas –
Y échouera là-haut –
Car les Anges louent la Maison voisine,
Où que nous déménagions –
                    (Billet adressé à Martha
                    Dickinson et Sally Jenkins)

72

Où n'oseraient aller les Roses,
Quel Cœur se risquerait –
J'envoie donc mes Pourpres Éclaireurs
Sonder l'Ennemi –

73

On a pendu les Sorcières, dans l'Histoire,
Mais l'Histoire et moi
Trouvons toute la Sorcellerie nécessaire
Autour de nous, Chaque Jour –

74

Blossoms will run away –
Cakes reign but a Day,
But Memory like Melody,
Is pink eternally –

75

We wear our sober Dresses when we die,
But Summer, frilled as for a Holiday
Adjourns her Sigh –

76

Morning is due to all –
To some – the Night –
To an imperial few –
The Auroral Light –

74

Les Fleurs s'enfuiront bientôt –
Rois d'un Jour sont les Gâteaux,
Mais Mémoire et Mélodie
Sont œillet pour l'éternité –

(Billet adressé à Nellie Sweetser)

75

À notre mort nous portons nos Robes austères,
Mais l'Été, en falbalas comme de Fête
Diffère son Soupir –

(À Sarah Tuckerman)

76

Le Matin est dû à tous –
À certains – la Nuit –
À quelques êtres souverains –
L'Aurorale Lumière –

*(Billet adressé au jeune Samuel
Bowles)*

77

Pass to thy Rendezvous of Light,
Pangless except for us —
Who slowly ford the Mystery
Which thou hast leaped across!

78

Climbing to reach the costly Hearts
To which he gave the worth,
He broke them, fearing punishment
He ran away from Earth —

79

Within that little Hive
Such Hints of Honey lay
As made Reality a Dream
And Dreams, Reality —

77

Va-t'en à ton Rendez-vous de Clarté,
Sans Affres sinon pour nous –
Qui lentement passons à gué le Mystère
Que d'un bond tu as franchi !

(Lettre à Susan Dickinson et
billet adressé à T.W. Higginson)

78

Grimpant pour atteindre les Cœurs précieux
Auxquels il donnait leur valeur,
Il les a brisés, craignant la punition
Il s'est enfui de la Terre –

(À Susan Dickinson et *à*
T.W. Higginson)

79

Cette petite Ruche abritait
De telles Promesses de Miel
Que le Réel devenait Rêve
Et le Rêve, Réel –

(Lettre à Elizabeth Holland)

80

Each that we lose takes part of us;
A crescent still abides,
Which like the moon, some turbid night,
Is summoned by the tides.

81

Arrows enamored of his Heart —
Forgot to rankle there
And Venoms he mistook for Balms
disdained to rankle there —

82

Circumference, thou bride of Awe, —
Possessing, thou shalt be
Possessed by every hallowed Knight
That dares to covet thee.

80

Chaque être perdu emporte une part de nous ;
Mais un croissant subsiste,
Que les marées appellent, comme la lune,
Par une nuit troublée.

> *(Lettre à Louise et Frances*
> *Norcross)*

81

Des Dards énamourés de son Cœur –
Oubliaient de lanciner
Et des Venins qu'il croyait Baumes
dédaignaient d'empoisonner –

82

Circonférence, épouse de l'Effroi, –
Toi qui possèdes, seras
Possédée par tout Chevalier consacré
Qui t'ose convoiter.

> *(Billet adressé à Daniel*
> *Chester French)*

83

Declaiming Waters none may dread –
But Waters that are still
Are so for that most fatal cause
In Nature – they are full –

84

A World made penniless by that departure
Of minor fabrics begs
But sustenance is of the spirit
The Gods but Dregs –

85

Sunset that screens, reveals –
Enhancing what we see
By menaces of Amethyst
And Moats of Mystery.

83

Les Eaux loquaces ne sont pas à craindre –
Mais les Eaux taciturnes
Le sont pour ce motif des plus fatals
De la Nature – elles sont en crue –
                    (Billet adressé à Susan Dickinson)

84

Un Monde que ce départ spolie
Mendie de moindres étais
Mais la subsistance vient de l'âme
Les Dieux n'étant que Lie –

85

Le Soleil couchant voile, et révèle –
Qui par menaces d'Améthyste
Et Douves de Mystère
Exalte la vision.
                    (À Mabel Todd)

86

Morning, that comes but once,
Considers coming twice –
Two Dawns upon a Single Morn
Make Life a sudden price –

87

Not knowing when the Dawn will come,
I open every Door,
Or has it Feathers, like a Bird,
Or Billows, like a Shore –

88

A Flower will not trouble her, it has so small a Foot,
And yet if you compare the Lasts,
Her's is the smallest Boot –

89

Back from the Cordial Grave I drag thee
He shall not take thy Hand
Nor put his spacious Arm around thee
That none can understand

86

Le matin, qui ne vient qu'une fois,
Envisage de revenir –
Deux Aubes pour un Seul Matin
Donne un prix soudain à la Vie –
                (À Mabel Todd)

87

Ne sachant quand viendra l'Aube,
J'ouvre toutes les Portes,
Ou a-t-elle des Plumes, comme l'Oiseau,
Des Vagues, comme un Rivage –
                (Lettre à T.W. Higginson)

88

Une Fleur ne vous dérangera pas, si menu est son Pied,
Et pourtant, à Pointure comparée,
Vous avez la plus fine Botte –

89

Au Cordial Tombeau je t'arrache
Il ne te prendra pas la Main
Ni ne t'enlacera de son vaste Bras
Que nul ne peut comprendre

90

The Pedigree of Honey
Does not concern the Bee –
A Clover, any time, to him,
Is Aristocracy –

91

Betrothed to Righteousness might be
An Ecstasy discreet
But Nature relishes the Pinks
Which she was taught to eat –

92

Not Sickness stains the Brave,
Nor any Dart,
Nor Doubt of Scene to come,
But an adjourning Heart –

90

La Généalogie du Miel
N'importe pas à l'Abeille –
Un Trèfle, à tout coup, est pour elle
Aristocratie –

(À Mabel Todd)

91

Se fiancer à la Vertu pourrait être
Une discrète Volupté
Mais la Nature se délecte des Roses
Qu'on lui a appris à consommer –

92

Ni la Maladie ne souille le Brave,
Ni aucun Dard,
Ni le Doute sur la Scène à venir,
Mais un Cœur dilatoire –

(Billet adressé à Mabel Todd)

93

And then he lifted up his Throat
And squandered such a Note,
A Universe that overheard
Is stricken by it yet —

94

Some Arrows slay but whom they strike,
But this slew all but *him*,
Who so appareled his Escape,
Too trackless for a Tomb —

95

Parting with Thee reluctantly,
That we have never met,
A Heart sometimes a Foreigner,
Remembers it forgot —

93

Alors il a gonflé sa Gorge
Et jeté une telle Note
Qu'un Univers l'ayant surprise
En est saisi encore –
                    (Lettre à Helen Hunt Jackson)

94

Certaines Flèches ne tuent que leur cible
Celle-ci n'a épargné *que* lui –
Qui appareilla ainsi son Évasion –
Hors les sentiers battus de la Tombe –
                    (Lettre à Susan Dickinson)

95

Vous quittant à regret
Que la rencontre n'eut pas lieu,
Un Cœur naguère Étranger
Se souvient d'avoir oublié –
                    (Billet adressé à Mr et Mrs Loomis)

96

As if I asked a common Alms and in my wondering Hand
A stranger pressed a Kingdom, and I bewildered stand,
As if I asked the Orient had it for me a Morn,
And it should lift it's Purple Dikes, and shatter me with
   Dawn —

97

Take all away from me, but leave me Ecstasy,
And I am richer then, than all my fellow men —
Is it becoming me, to dwell so wealthily, when at my
   very door
Are those possessing more, in boundless poverty?

98

A Letter is a joy of Earth —
It is denied the Gods —

96

Comme si je quêtais une banale Aumône, que dans
  ma Main perplexe
Un étranger dépose un Royaume, et que j'en reste
  bouche bée,
Comme si je demandais à l'Orient s'il me destine un
  Matin
Et que levant ses Vannes Pourpres il me fracasse
  d'Aube –

(À un destinataire inconnu)

97

Ôtez-moi tout, mais laissez-moi l'Extase
Et je suis plus riche alors, que tous mes semblables –
Me convient-il d'être si fortuné, quand à ma porte
  même
Il en est qui possèdent plus, en immense pauvreté ?

(Lettre au jeune Samuel Bowles
et à sa femme)

98

Une Lettre est une joie de la Terre –
Elle est refusée aux Dieux –

(Lettres à Mr et Mrs Loomis et
Charles Clark)

99

Is it too late to touch you, Dear?
We this moment knew —
Love Marine and Love Terrene —
Love celestial too —

100

Their dappled importunity
Disparage or dismiss —
The Obloquies of Etiquette
Are obsolete to Bliss —

101

The Ecstasy to guess,
Were a receipted Bliss
If Grace could talk —

102

The immortality she gave
We borrowed at her Grave —
For just one Plaudit famishing,
The Might of Human Love —

99

Est-il trop tard, Chère, pour vous toucher ?
Nous à cet instant avons connu –
L'Amour Marin et l'Amour Terrien –
L'Amour céleste aussi –
                (Billet adressé à Mary Crowell)

100

Leur importunité mouchetée
Dénigre ou congédie-la –
Les Opprobres de l'Étiquette
Sont obsolètes pour la Joie –
                (À Mabel Todd)

101

L'Ivresse de deviner
Serait Joie patentée
Si la Grâce pouvait parler –

102

L'immortalité qui fut son don
Nous l'avons empruntée à sa Tombe –
N'ayant faim que d'une Ovation,
La Force de l'Amour Humain –
                (Lettre à T.W. Higginson)

103

Of Glory not a Beam is left
But her Eternal House –
The Asterisk is for the Dead,
The Living, for the Stars –

103

De la Gloire pas un Ais ne subsiste
Sinon sa Demeure Éternelle –
L'Astérisque est pour les Morts,
Les Vivants, pour les Étoiles –
(Lettre à T.W. Higginson)

V. SANS DATE

1

The gleam of an heroic act
Such strange illumination
The Possible's slow fuse is lit
By the Imagination

2

Beauty crowds me till I die
Beauty mercy have on me
But if I expire today
Let it be in sight of thee —

3

These are the days that Reindeer love
And pranks the northern star
This is the Sun's objective
And Finland of the year

1

L'éclat d'un acte héroïque
Si étrange illumination
La lente mèche du Possible s'allume
Au feu de l'Imagination.

2

La Beauté m'assiège à en mourir
Beauté aie pitié de moi
Mais si j'expire aujourd'hui
Que ce soit devant toi –

3

Voici les jours aimés du Renne,
Où parade l'étoile du Nord
Voici l'objectif du Soleil,
La Finlande de l'année

4

He went by sleep that drowsy route
To the surmising Inn —
At daybreak to begin his race
Or ever to remain —

5

Witchcraft has not a pedigree
'Tis early as our Breath
And mourners meet it going out
The moment of our death —

6

Winter under cultivation
Is as arable as Spring

7

As we pass Houses musing slow
If they be occupied
So minds pass minds
If they be occupied

4

Il prit dans son sommeil la route torpide
Vers l'Auberge aux hypothèses –
À l'aube pour commencer sa course
Ou rester ici à jamais –

5

La Magie est sans généalogie
Elle naît avec notre Souffle
Et qui nous pleure la croise à son départ
À l'instant de notre mort –

6

L'Hiver pourvu qu'on le cultive
Est aussi arable que le Printemps

7

Comme on longe des maisons en songeant
Sont-elles occupées
Les esprits croisant des esprits
Se posent la question.

8

Sometimes with the Heart
Seldom with the soul
Scarcer once with the might
Few – love at all

9

The Hills erect their Purple Heads
The Rivers lean to see
Yet man has not of all the Throng
A Curiosity

10

Of Yellow was the outer Sky
In Yellower Yellow hewn
Till Saffron in vermillion slid
Whose seam could not be shown –

11

To their apartment deep
No ribaldry may creep
Untumbled this abode
By any man but God –

8

Parfois avec le Cœur
Peu souvent avec l'âme
Plus rarement avec force
Peu – aiment vraiment

9

Les Montagnes dressent leurs Têtes Pourpres
Les Fleuves se penchent pour voir
Mais l'homme n'a pas, dans toute cette Foule,
De Curiosité

10

Jaune était le Ciel aux confins
Taillé dans un Jaune plus Jaune
Puis le Safran glissa au Vermillon
Sans couture qui se pût voir –

11

Dans leur profond logis
Ne peut entrer nulle orgie
Bouleversé, ce lieu
Par nul sinon Dieu –

12

Unto a broken heart
No other one may go
Without the high prerogative
Itself hath suffered too

13

Those final Creatures, — who they are —
That faithful to the close
Administer her ecstasy,
But just the Summer knows.

14

That Love is all there is
Is all we know of Love,
It is enough, the freight should be
Proportioned to the groove.

15

As subtle as tomorrow
That never came,
A warrant, a conviction,
Yet but a name.

12

Dans un cœur brisé
Nul ne peut pénétrer
Sans la noble prérogative
D'avoir souffert de même

13

Ces ultimes Créatures – qui sont-elles –
Qui fidèles jusqu'à la fin
Dispensent sa volupté,
Seul l'Été peut le dire.
(À Susan Dickinson ?)

14

Que l'Amour est tout ce qui est
Est tout ce qu'on sait de l'Amour,
Cela suffit, la charge doit être
À la mesure du sillon.
(À Susan Dickinson ?)

15

Aussi subtil que demain
Qui jamais ne vint,
Une garantie, une conviction,
Mais rien qu'un nom.

16

God is indeed a jealous God –
He cannot bear to see
That we had rather not with Him
But with each other play.

17

Is Immortality a bane
That men are so oppressed?

18

The words the happy say
Are paltry melody
But those the silent feel
Are beautiful –

19

Sweet hours have perished here,
This is a timid room –
Within it's precincts hopes have played
Now fallow in the tomb.

16

Dieu est en vérité un Dieu jaloux –
Il ne supporte pas de voir
Qu'on aime mieux plutôt qu'avec Lui
Jouer entre nous.

17

L'Immortalité est-elle un fléau
Que l'homme en soit si accablé ?

18

Les mots dits par les gens heureux
Sont piètre mélodie
Mais beauté ceux que sentent
Les silencieux –

19

Ici ont expiré de douces heures,
Timide est cette chambre –
Entre ses murs des espoirs se sont joués
Aujourd'hui ombres dans la tombe.

20

Fame is a bee.
It has a song –
It has a sting –
Ah, too, it has a wing.

20

La gloire est une abeille.
Elle a un chant –
Elle a un dard –
Ah, elle a aussi une aile.

DOSSIER

CHRONOLOGIE
1830-1886

1830. 10 décembre : naissance à Amherst (Massachusetts) d'Emily Dickinson, fille d'Edward Dickinson, homme de loi, plusieurs fois membre du Congrès, et d'Emily Norcross. Austin, son frère aîné, est né un an auparavant. Lavinia, sa sœur cadette, naîtra en 1833.

1840-1847. Études à Amherst College, haut lieu de la culture puritaine, fondé en 1814 par son grand-père, Samuel F. Dickinson.

1846. Publication en Angleterre des poèmes des sœurs Brontë (Charlotte, Emily et Anne) et, l'année suivante, de leurs trois romans respectifs : *Jane Eyre*, *Wuthering Heights* et *Agnes Grey*.

1847-1848. Études à Mount Holyoke Seminary. Refuse de participer au mouvement de renouveau religieux. Est retirée de l'institution par son père en août 1848. *Sonnets portugais*, d'Elizabeth Barrett Browning. *Kavanagh*, de Longfellow.

1848. Début d'amitiés précieuses, notamment avec Benjamin Newton, stagiaire chez son père, qui joue un rôle d'initiateur (il lui enverra en 1850 les poèmes d'Emerson) et Susan Gilbert, future femme de son frère et principale destinataire de ses poèmes.

1850. Premier poème connu d'Emily, écrit à l'occasion de la Saint-Valentin.

The Scarlet Letter, de Hawthorne.

1852. 20 février : publication dans le *Springfield Daily Republican* d'un autre poème également écrit à l'occasion de la Saint-Valentin.

1855. Mai : voyage à Washington et à Philadelphie, où Emily a pu entendre et rencontrer le Révérend Charles Wadsworth.

Novembre : les Dickinson reprennent possession de leur maison familiale, le Homestead, maison natale d'Emily, vendue en 1833.

Leaves of Grass, de Walt Whitman. *Aurora Leigh,* poème-roman d'Elizabeth Barrett Browning.

1856. Mariage d'Austin avec Susan Gilbert.

1858. Emily se consacre de plus en plus à la poésie et commence à rassembler ses poèmes dans des « cahiers cousus ».

Entame une correspondance avec Samuel Bowles, directeur du *Springfield Daily Republican* et ami de la famille.

Première des *Master Letters,* dont le destinataire (Bowles ? Wadsworth ?) demeure inconnu.

1860. Visite de Charles Wadsworth à Amherst.

1861. Deuxième des *Master Letters.*

Publication anonyme du premier des cinq poèmes imprimés dans le *Springfield Daily Republican*. Les autres paraîtront respectivement en 1862, 1864 et 1866.

1862. Troisième des *Master Letters.*

15 avril : première lettre d'Emily, accompagnée de quatre poèmes, à T.W. Higginson, célèbre critique : « *Si vous n'êtes pas trop occupé, pourriez-vous me dire si mes poèmes sont vivants ?* » La correspondance ainsi entamée se poursuivra jusqu'à la mort d'Emily.

1er mai : départ de Charles Wadsworth pour San Francisco, où il est nommé pasteur de l'église du Calvaire. Année d'intense production poétique.

1864. 12 mars : publication d'un poème d'Emily dans *Round Table*, à New York.
       Dramatis Personae, de Robert Browning.
       Fin avril-fin novembre : séjour à Cambridge, près de Boston, chez ses cousines Norcross, pour soigner une maladie des yeux. Ce séjour se renouvellera l'année suivante. Après cette date, Emily ne quittera plus la demeure familiale et se retranchera peu à peu de la société.

1870. 16 août : visite de T.W. Higginson à Amherst : « *... d'un pas léger est entrée une femme petite et quelconque, avec deux bandeaux lisses de cheveux un peu roux... vêtue d'une robe blanche en piqué très simple, d'une propreté exquise... Elle s'est approchée de moi portant deux lis qu'elle m'a mis dans la main d'un geste enfantin en disant d'une voix douce, effrayée et volubile d'enfant : "En guise de présentation"...* » (lettre de Higginson à sa femme).

1874-1875. Événements familiaux importants : mort du père d'Emily à Boston (16 juin 1874), attaque de paralysie de sa mère en 1875, naissance de son neveu très aimé, Gilbert, cette même année.

1876. Emily fait la connaissance d'Helen Hunt Jackson, la plus célèbre poétesse américaine de l'époque : « *Vous êtes un grand poète*, lui écrit celle-ci en mars, *et c'est très dommage... que vous ne veuillez pas chanter tout haut.* » Quelques mois plus tard, elle l'invite à participer à la *No Name Series* (anthologie de poètes anonymes) des éditions Roberts Brothers, de Boston.

1877. Amour déclaré avec le juge Otis P. Lord, ami de longue date d'Edward Dickinson. Projet de mariage.

1878. Mort de Samuel Bowles.
       Publication d'un poème, *Success* (n° 67), dans l'anthologie *A Masque of Poets*, des éditions Roberts Brothers.

1880. Visite imprévue de Charles Wadsworth à Amherst.

1882. Mort de Charles Wadsworth. Thomas Niles, des éditions Roberts Brothers, presse Emily de publier. Mabel

Todd, femme d'un astronome nommé directeur de l'Observatoire à Amherst, noue avec elle (sans la voir) des relations amicales.

14 novembre : mort de la mère d'Emily.

1883. Mort de son neveu Gilbert, à l'âge de huit ans.

1884. Mort du juge Otis P. Lord. Emily traverse une dépression nerveuse en juin.

Helen Hunt Jackson offre à Emily d'être sa légataire et exécutrice testamentaire, mais meurt l'année suivante.

1886. 15 mai : mort d'Emily à Amherst.

1890. Publication des *Poèmes* d'Emily Dickinson, par Mabel Loomis Todd et T.W. Higginson, aux éditions Roberts Brothers. Le succès est immédiat : on compte onze rééditions à la fin de 1892.

BIBLIOGRAPHIE SOMMAIRE

I. ŒUVRES

Éditions des *Poèmes* :

Poems, by Emily Dickinson, eds. Mabel Loomis Todd and T.W. Higginson, Roberts Brothers, Boston, 1890 ; second series, id., 1891 ; third series, ed. Mabel Loomis Todd, id., 1896.

The Single Hound ; Poems of a lifetime, ed. Martha Dickinson Bianchi, Little, Brown & Co, Boston, 1914 ; *The Complete Poems of Emily Dickinson,* eds. Martha Dickinson Bianchi and Alfred Leete Hampson, id., 1924 ; *Further Poems of Emily Dickinson,* id., 1929. *Unpublished Poems of Emily Dickinson,* id., 1935 ; *Poems,* id., 1937.

Bolts of Melody : New Poems of Emily Dickinson, eds. Mabel Loomis Todd and Millicent Todd Bingham, Harper & Brothers, New York & London, 1945.

The Poems of Emily Dickinson, Including Variant Readings, Critically Compared With All Known Manuscripts, ed. Thomas H. Johnson, Belknap Press of Harvard University Press, Cambridge, Massachusetts, 1955, 3 vol.

The Manuscript Books of Emily Dickinson, ed. R.W. Franklin, Harvard University Press, Cambridge, Massachusetts, 1981, 2 vol.

The Poems of Emily Dickinson, ed. R.W. Franklin, variorum

Edition, Belknap Press of Harvard University Press, 1998, 3 vol.

Éditions de la *Correspondance* :
Letters of Emily Dickinson, ed. Mabel Loomis Todd, Roberts Brothers, Boston, 1894.
The Life and Letters of Emily Dickinson, eds. Martha Dickinson Bianchi, Houghton Mifflin, Boston, 1924, 2 vol.
Letters of Emily Dickinson, ed. Mabel Loomis Todd, Harper, New York, 1931.
Emily Dickinson Face to Face : Unpublished Letters with Notes and Reminiscences, Martha Dickinson Bianchi, Houghton Mifflin, Boston, 1935.
Emily Dickinson Letters to Dr. and Mrs. Josiah Gilbert Holland, ed. Theodora Van Wagenen Ward, Harvard UP, 1951.
The Letters of Emily Dickinson, eds. Thomas H. Johnson and Theodora Ward, Harvard University Press, 1958, 3 vol.

II. TRADUCTIONS FRANÇAISES

Traduction des *Poèmes* :
Poèmes choisis, traduction, préface et bibliographie par Pierre Messiaen, Aubier-Montaigne, 1956.
Emily Dickinson, Alain Bosquet, Seghers, coll. «Poètes d'aujourd'hui», 1957.
Vingt poèmes, traduction de Claude Berger et Paul Zweig, Minard, coll. «Passeport», n° 3, 1963.
Poèmes, introduction et traduction de Guy Jean Forgue, Aubier-Flammarion, 1970.
Les 100 plus belles pages d'Emily Dickinson, présentées et traduites par Alain Bosquet, Belfond, 1984. (Reprise, avec quelques légères modifications, des traductions parues chez Seghers.)
Poèmes, traduction et introduction de Félix et Violette Ansermoz-Dubois, préface de Jean-Louis Cornuz, Lausanne, Éditions Ouverture, 1986.

Quarante-sept poèmes, traduction de Philippe Denis, Genève, La Dogana, 1986.

Poèmes, traduction et préface par Claire Malroux, coll. « L'extrême contemporain », Belin, 1989.

Vivre avant l'éveil, poèmes traduits par William English et Gérard Pfister, avec le concours de Margherita Guidacci, auteur de la préface, Arfuyen, 1989.

Autoportrait au roitelet, extraits de la Correspondance et poèmes traduits par Patrick Reumaux, Hatier, 1990.

Lettre au monde, 40 poèmes, traduits par Georges Tari, Éd. du Limon / L'Arbre Voyageur, 1991.

Escarmouches, choix traduit et présenté par Charlotte Melançon, Orphée / La Différence, 1992.

Esquisse d'une Anthologie de la Poésie américaine du XIXᵉ siècle : Pierre Leyris a consacré une grande partie de cet ouvrage à des poèmes d'Emily Dickinson (qu'il fut le premier à traduire dans la revue *Mesures*, nᵒ 15 en 1939), Gallimard, 1995.

56 Poèmes, traduits par Simone Normand et Marcelle Fonfreide, Le Nouveau Commerce, 1996.

Une Âme en Incandescence, traduit et présenté par Claire Malroux, José Corti, 1998.

Le Paradis est au choix, traduit et présenté par Patrick Reumaux, Rouen, Librairie Élisabeth Brunet, 1998.

Traduction de la *Correspondance* :

Correspondance avec les sœurs Norcross et avec Thomas W. Higginson, traduit par Patrick Reumaux, in *Autoportrait au roitelet*, Hatier, 1990.

The Masters Letters, traduit et présenté par Claudine Prache, éd. Cazimi, 1999.

Lettres au Maître, à l'Ami, au Précepteur, à l'Amant, traduit et présenté par Claire Malroux, éd. José Corti, 1999.

III. ÉTUDES CRITIQUES ET OUVRAGES DE RÉFÉRENCE

Cody, John, *After Great Pain : The Inner Life of Emily Dickinson*, The Belknap Press of Harvard University Press, Cambridge, Massachusetts, 1971.

Delphy, Françoise, *Emily Dickinson*, Didier érudition, Paris, 1984.

Diehl, Joanna Feit, *Dickinson and the Romantic Imagination*, Princeton University Press, Princeton, New Jersey, 1981.

Ferlazzo, Paul J., *Critical Essays on Emily Dickinson*, G.K. Hall & Co., Boston, 1984.

Fussell, Paul, *Poetic Meter and Poetic Form*, Random House, New York, 1965.

Gelpi, Albert J., *Emily Dickinson, The Mind of the Poet*, Harvard University Press, Cambridge, Massachusetts, 1965.

Griffin Wolff, Cynthia, *Emily Dickinson*, Knopf, New York, 1987.

Howe, Susan, *My Emily Dickinson*, North Atlantic Books, Berkeley, California, 1985.

Lindberg-Seversted, Brita, *The Voice of the Poet, Aspects of Style in the Poetry of Emily Dickinson*, Harvard University Press, Cambridge, Massachusetts, 1968.

Miller, Christanne, *A Poet's Grammar*, Harvard University Press, Cambridge, Massachusetts, 1987.

Porter, David D., *Dickinson : The Modern Idiom*, Harvard University Press, Cambridge, Massachusetts, 1981.

Savinel, Christine, *Emily Dickinson et la grammaire du secret*, Presses Universitaires de Lyon, 1993.

Sewall, Richard B., *The Life of Emily Dickinson*, Farrar, Straus and Giroux, New York, 1974, 2 vol.

Lettre aux quatrains (L 353)

La lettre ci-dessous, écrite au crayon vers le mois d'octobre 1870, est à l'état de projet et n'a peut-être jamais été envoyée à T.W. Higginson, puisqu'on n'a pas retrouvé de copie au net parmi ses papiers. Elle se réfère à la visite que le célèbre critique avait rendue à Emily Dickinson quelques mois plus tôt, en août, huit ans après que se furent nouées leurs relations épistolaires, et semble prolonger l'entretien qu'ils eurent lors de cet événement mémorable. Par le nombre étonnant de quatrains qu'elle contient, la lettre illustre à quel point cette forme éminemment concise est le mode d'expression privilégié du poète.

> L'Énigme qu'on devine
> Bien vite on la méprise –
> Rien ne s'évente aussi longtemps
> Que d'Hier la surprise –

Les Risques de l'Immortalité font peut-être son charme –
Un Délice garanti manque d'enchantement –

La Maison Hantée, plus vaste, semble-t-il, de l'Enfance mûrie – inquiétante de loin – est aussi intime quand enfin on y pénètre que la petite Maison d'un voisin –

> L'Esprit dit à la Poussière
> Vieille Amie, tu me connaissais
> Et le Temps est allé porter la nouvelle
> À l'Éternité –

Ceux dont la renommée m'est personnellement précieuse,
torturent comme un Couchant, avéré mais non atteint –

Tennyson le savait : « Ah Christ – si c'était possible » et
même dans la parole de Notre Seigneur : « ils seront avec moi
où je serai », je sens une interrogation.

> L'Expérience nous escorte en dernier –
> Son âpre société
> Ne laissera pas à l'Axiome
> De Possibilité

Vous parlez de « goûts sauvages » – Un Mendiant est venu
la semaine dernière – Je lui ai donné Vivres et Feu et, comme
il partait : « Où allez-vous ? »

« Dans toutes les directions » –

C'est ce que vous vouliez dire

> Trop heureux, le Temps se dissout
> Sans laisser de trace –
> C'est que sans Plumes ou trop lourde
> Pour voler est l'Angoisse –

J'ai été très revigorée par votre forte Lettre –

Merci pour la Grandeur – je l'aurai méritée si j'ai plus de
temps !

Je croyais vous avoir parlé de l'ombre –

Ce texte m'affecte –

Ceci est encore un autre –

J'en ai vu l'annonce dans les Journaux juste avant votre
venue – Y a-t-il une revue appelée « Woman's Journal » ? Je
crois qu'on a dit que c'était là-dedans – une Grille, une Porte,
ou un Loquet –

Quelqu'un m'a appelée soudain et je ne l'ai jamais trouvé –

Vous me dites que Mrs Lowell était l'« inspiration » de
Mr Lowell. Qu'est-ce que l'inspiration ?

Vous renversez la vérité – parce que la crainte est mienne,
cher ami, et vôtre le pouvoir –

C'est l'opulence de la Gloire   opulence / inaccessibilité

Qui rend pauvres nos efforts – efforts / course

Avec le Royaume des Cieux sur ses genoux, M. Emerson
pouvait-il hésiter ?

« Laissez venir les petits Enfants » –

Ne pourriez-vous venir en dehors de la Conférence, si le projet échouait ?

NOTE SUR LES DESTINATAIRES
DES QUATRAINS

Catherine (Scott) ANTHON. Amie et ancienne condisciple de
Susan Dickinson.

Samuel BOWLES (1826-1878). Directeur à partir de 1851 du
Springfield Daily Republican, journal fondé par son père.
Homme très ouvert, débordant d'énergie, voyageur infati-
gable, il fit de ce quotidien le porte-parole du républica-
nisme libéral et l'un des organes les plus influents du pays.
Ami intime de la famille Dickinson, il fut l'un des proches
d'E. D., qui correspondit avec lui de 1858 jusqu'à sa mort.
Il est, avec Wadsworth, l'un des hommes autour desquels
elle cristallisa ses émotions et son inspiration poétique. Elle
lui adressa aussi de nombreux poèmes. Il pourrait être le
destinataire des *Lettres au Maître*.

Mary BOWLES. Épouse de Samuel Bowles. E. D. correspondit
avec elle avant et après la mort de son mari.

Samuel BOWLES (le jeune). Né en 1851, ce fils de Samuel et
Mary Bowles succéda à son père à la direction du *Springfield
Daily Republican*. E. D. entra en rapport avec lui après la
mort de Samuel Bowles.

Lucretia BULLARD. Tante d'E. D. du côté paternel, épouse du
révérend Asa Bullard. Elle résidait à Cambridge, Massachu-
setts, et ses relations avec E. D. se développèrent lorsque
celle-ci vint séjourner dans cette ville en 1864 et 1865 pour
soigner sa maladie des yeux.

James CLARK. Ami du révérend Charles Wadsworth, le pasteur de Philadelphie avec qui E. D. avait noué des relations à partir de 1855, il correspondit avec elle après la mort de celui-ci.

Perez Dickinson COWAN. Cousin d'E. D., il fit ses études à Amherst College avant d'entrer dans les ordres. E. D., qui l'avait connu étudiant, lui resta très attachée.

Mary CROWELL. Amie d'enfance d'E. D., fille d'un professeur d'Amherst College.

Austin DICKINSON (1829-1895). Frère d'E. D. et son aîné d'un an, il exerça la profession de juriste pendant toute sa vie à Amherst et succéda à son père comme trésorier d'Amherst College en 1873. En 1856, il épousa Susan Gilbert, mais le mariage ne fut pas heureux. Il eut une longue liaison avec Mabel Loomis Todd, la première éditrice des *Poèmes* et des *Lettres* d'E. D.

Susan Gilbert DICKINSON («Sue») (1830-1913). Née à quelques jours de distance d'E. D., orpheline à l'âge de onze ans, elle fut élevée par une tante à Geneva, New York, avant de retourner à Amherst en 1850 et de se lier avec E. D. Fiancée à Austin Dickinson en 1853, elle l'épousa en 1856 et vécut à partir de cette date aux Evergreens, dans la maison voisine de celle des Dickinson. Son amitié avec E. D., qui commença, du moins pour celle-ci, comme une véritable passion, continue à faire l'objet de nombreuses spéculations. Elle est la principale destinataire des poèmes.

Edward DICKINSON («Ned»). Aîné des trois enfants d'Austin et de Susan Dickinson, né en 1861. Souffrant de crises d'épilepsie, il mourut à trente-sept ans.

Martha DICKINSON. Fille d'Austin et de Susan Dickinson, née en 1866. À partir de 1914, elle s'occupa de la publication des poèmes d'E. D. sous le nom de Martha Bianchi.

Thomas Gilbert DICKINSON. Troisième des enfants d'Austin et Susan Dickinson. Né en 1875, il mourut des suites de la typhoïde en 1883, à huit ans.

Edward S. DWIGHT. Pasteur d'Amherst de 1854 à 1860.

Daniel Chester FRENCH. Sculpteur, né en 1850, fils d'un pré-

sident du Massachusetts Agricultural College. E. D. l'avait
connu enfant.

Mary Emerson HAVEN. Épouse de Joseph Haven, professeur
de philosophie d'Amherst College, puis de théologie au
Chicago Theological Seminary.

Thomas Wentworth HIGGINSON (1823-1911). Ancien pas-
teur, T.W. Higginson participa à la guerre de Sécession de
1862 à 1864. Critique aux vues libérales, notamment en ce
qui concernait l'éducation et le rôle des femmes, il attira
l'attention d'E. D. par ses articles dans le *Sprinfield Daily
Republican*. Elle prit l'initiative de lui écrire en 1862 pour
lui demander si ses poèmes étaient «vivants» et entretint
avec lui des relations épistolaires suivies jusqu'à sa mort. En
février 1879, T.W. Higginson, qui avait perdu son épouse
quelque temps plus tôt, se remaria.

Mary HIGGINSON. Première épouse de T.W. Higginson, elle
mourut en 1877.

Elizabeth HOLLAND. Une des amies les plus intimes d'E. D.,
qui l'appelait souvent «sœur» dans ses lettres. Épouse de
Josiah Holland, directeur du *Scribner's Monthly*.

Helen Hunt JACKSON. Écrivain célèbre, fille d'un professeur
de philosophie morale et de métaphysique d'Amherst Col-
lege. L'une des rares personnes à reconnaître le génie
d'E. D., elle entra en rapport avec elle dans les années 1870
par l'intermédiaire de T.W. Higginson et l'incita à publier.

Jonathan et Sarah JENKINS. Amis de la famille Dickinson.
Jonathan Jenkins, pasteur d'Amherst de 1866 à 1877, célé-
bra le service religieux lors de l'enterrement d'E. D. Leurs
enfants, dont «Sally», étaient très liés à ceux d'Austin et
Susan Dickinson.

Mr and Mrs LOOMIS. Parents de Mabel Todd.

Otis LORD (1812-1884). Magistrat et sénateur, l'un des amis
intimes du père d'E. D., qui le reçut souvent chez lui. Otis
Lord et E. D. se déclarèrent leur amour, après la mort de
l'épouse de celui-ci, en 1877, et un mariage fut même envi-
sagé par la suite, sans aboutir. Otis Lord mourut en 1884,
deux ans avant E. D.

LE «MAÎTRE». Destinataire non identifié de trois brouillons de lettres, capitales pour la connaissance d'E. D. Il pourrait s'agir de Samuel Bowles ou du Révérend Wadsworth.

Louise et Frances NORCROSS. Filles de Lavinia Norcross, tante d'E. D. du côté maternel. E. D. avait une affection toute particulière pour ses petites cousines, plus jeunes qu'elle, et correspondit avec elles jusqu'à sa mort.

Olive STEARNS. Épouse de William Stearns, président d'Amherst College de 1854 jusqu'en 1876.

Catherine SWEETSER. Tante d'E. D., du côté paternel. Elle épousa Joseph Sweetser, frère d'un voisin des Dickinson.

Cornelia SWEETSER («Nellie»). Épouse de John Sweetser, fils de voisins des Dickinson.

Mabel Loomis TODD. Épouse de David Peck Todd, nommé en 1881 directeur de l'Observatoire et professeur d'astronomie d'Amherst. Elle eut une longue liaison avec Austin Dickinson et fut amenée à jouer un rôle de premier plan dans l'édition des *Poèmes* et des *Lettres* d'E. D., qu'elle ne connut que pendant les toutes dernières années de la vie de celle-ci.

Sarah TUCKERMAN. Épouse d'Edward Tuckerman, professeur de botanique d'Amherst College. E. D. lui était très attachée.

Gertrude VANDERBILT. Amie de Catherine Scott Anthon et, indirectement, de Susan Dickinson.

Maria WHITNEY. Amie intime de Samuel Bowles. Elle enseigna le français et l'allemand à Smith College de 1875 à 1880.

Le numéro entre parenthèses renvoie à l'édition R.W. Franklin.

I. 1858-1864

1. Ce quatrain, portant le n° 16 dans l'édition Johnson, est incorporé dans une lettre adressée vers la fin août 1859 à Samuel Bowles, où Emily Dickinson parle de la « seconde Fenaison ». Il est récusé par R.W. Franklin qui l'a lu sur manuscrit sous forme de prose. Cet exemple illustre bien les difficultés qu'il y a à distinguer les deux genres dans la Correspondance. Nous l'avons conservé parce qu'il donne d'emblée le ton élégiaque de nombreux quatrains. « Celle » désigne l'été, qui est chez Emily du genre féminin.

2. Inclus dans une lettre adressée le 13 février 1859 à Mary Haven, femme du pasteur Joseph Haven. E. D. explique à sa correspondante combien les Haven lui manqueront, « quand viendra l'été, à moins que je n'aie moi-même revêtu une robe *nouvelle*, et ne sois trop loin pour qu'on me voie ». Mêmes remarques que pour le précédent quatrain. Porte le n° 18 dans l'édition Johnson.

3. (n° 28). Fin été 1858. Conservé dans le Cahier 1.

4. (n° 37). Automne 1858. Conservé dans le Cahier 3.

5. (n° 47). Fin 1858. Conservé dans le Cahier 2.

6. (n° 49). Probablement fin 1859. Ce quatrain humoristique accompagnait un cadeau offert par Emily à son amie Catherine Scott Anthon. Il est reproduit d'après une transcription de celle-ci, qui précise : « Emily m'a tricoté une paire de jarretières qu'elle m'a envoyées avec ces vers. »

7. (n° 80). Il existe trois exemplaires de ce quatrain, datés respectivement de 1859, 1863 et 1864. La première version, conservée dans le Cahier 3, est la suivante :

I hide myself within my flower	Je me cache dans ma fleur
That wearing on your breast	Afin que la portant sur ton sein
You – unsuspecting – wear me too –	Tu – me portes aussi – à ton insu –
And angels know the rest!	Et les anges savent le reste !

La deuxième version, reproduite ici, a pu accompagner l'envoi d'une fleur et date de 1863. La troisième, analogue à la précédente, a été transcrite vers le début de 1864 dans le Cahier 40. Le poème joue sur le double sens du verbe *wear*, qui signifie à la fois « porter » et « user ». Emily s'est orientée vers ce second sens dans ses dernières versions.

8. (n° 107). Été 1859. Conservé dans le Cahier 5. Le Rhin, Francfort, font partie des lieux symboliques qui parlaient à l'imagination d'E. D. La bière est souvent synonyme d'exaltation ou d'ivresse, par exemple dans le poème « *I taste a liquor never brewed* – » : « Je goûte une liqueur jamais brassée – / Dans des Chopes de Perle taillée – / Nulle Baie de Francfort ne saurait / Livrer Alcool pareil ! »

9. (n° 149). Début 1860. Ce quatrain aurait été adressé par E. D. à son frère Austin. « Marguerite » est le nom sous lequel elle se désigne volontiers, notamment dans ses rapports avec Samuel Bowles. Caton, homme politique romain austère et honnête, a lutté pour la pureté des mœurs et notamment contre les goûts de luxe des femmes. Peut-être s'agit-il ici d'une allusion voilée à Edward Dickinson, leur père, et « recevoir la Marguerite » pourrait désigner l'envoi d'un poème, témoignage de « luxe » interdit pour une femme. Conservé dans le Cahier 7.

10. (n° 156). Début 1860. Conservé dans le Cahier 7.

11. (n° 174). Été 1860. On connaît deux exemplaires de ce poème, conservés tous deux dans le Cahier 8. Une légère variante au premier vers, *Pictures* (Images) remplaçant *Portraits* dans l'autre version, peut expliquer que le quatrain existe en double. E. D. s'est souvent élevée contre la prétention de représenter le visage humain. Dans une lettre, datée de juillet 1862, à T.W. Higginson qui lui avait demandé son portrait, elle s'excuse de ne pas pouvoir lui en fournir un : « Père s'en inquiète souvent – Il dit que la Mort pourrait survenir, qu'il a des Effigies de tous les autres, et aucune de moi, mais j'ai remarqué que les Vifs, en peu de jours, épuisaient ces choses-là, et préviens ce déshonneur… »

12. (n° 186). 1861. Adressé à Samuel Bowles.

13. (n° 188). 1861. Écrit au crayon et adressé à « Sue » (Susan Gilbert Dickinson) peu après la naissance de son fils Ned, le 19 juin. Ces trois vers semblent indiquer que les relations d'E. D. avec sa belle-sœur s'étaient détériorées. Il s'agit soit d'un blâme indirect (« Pourrais-je jamais te rejeter comme tu m'as rejetée ? »), soit d'une réponse à une accusation d'indifférence (« Je n'aurais pu te rejeter comme tu le prétends, de peur que toi-même ne me rejettes un jour »).

14. (n° 193). 1861. Ce quatrain est inclus dans une lettre à Samuel Bowles, où il succède à la phrase : « Quand vous viendrez à Amherst, plaise à Dieu que ce soit *Aujourd'hui* – je vous brosserai le tableau – si je *peux*, je le ferai – » Un autre exemplaire a été envoyé à Louise et Frances Norcross, ses cousines, dans une lettre qui s'est perdue. L'allusion à « la plus lourde charge » semble être l'aveu murmuré d'un constat d'échec. E. D. ne devait plus se faire d'illusions sur les sentiments de Samuel Bowles à son égard non plus que sur son appui professionnel. Selon certaines interprétations, après avoir constaté qu'il n'avait publié que de rares poèmes d'elle dans son journal, le *Springfield Republican*, et que ceux-ci, de surcroît, avaient été « normalisés », elle a peut-être décidé de prendre un certain recul. De fait, la correspondance avec Samuel Bowles, à partir de cette date, décroît en intensité. Le verbe *to move* peut être ici aussi bien transitif qu'intransitif et signifier « ne meut pas toujours ».

15. (n° 201). Début 1861. Conservé dans le Cahier 10. Peut-être un écho des «Chants de l'Innocence» et des «Chants de l'Expérience» de Blake.

16. (n° 202). Début 1861. Inclus dans une lettre à Samuel Bowles, avec qui E. D. s'entretenait visiblement de sujets métaphysiques. Dans le court message qui l'accompagne, il est fait allusion à l'«Orient», symbole de la résurrection («Vous parlez de l'"Orient". J'y ai pensé cet hiver.») et l'on trouve cette saisissante formule, frappée elle-même comme un vers : «Cette vie *Nu-Tête* — sous l'herbe — agace comme une Guêpe.» On voit en général dans ces vers la critique d'une théologie réfractaire à la science. Pour E. D., la religion ne repose pas en effet sur des dogmes et doit demeurer vigilante, s'équiper de «microscopes» spirituels. Selon Ruth Miller, qui défend cette thèse dans *The Poetry of Emily Dickinson*[1], le langage du poème serait codé. Ici, E. D., ne se contentant pas d'une vague espérance (la «foi»), enjoindrait à Samuel Bowles de s'occuper plus activement de la publication de ses poèmes, l'«urgence» exigeant l'utilisation d'instruments rigoureux tels que des microscopes. Un des deux autres exemplaires de ce poème est conservé dans le Cahier 12. Le deuxième vers est un peu différent : *«For Gentlemen to see»* (Qui permet aux Messieurs de voir).

17. (n° 203). Début 1861. Conservé dans le Cahier 10. L'art de l'allusif, de l'oblique, a été souvent exalté par E. D. Ce quatrain en fournit un exemple. Le mot *surge*, traduit ici par vague, peut désigner aussi bien le gonflement d'un sein.

18. (n° 206). Début 1861. Conservé dans le Cahier 10.

19, 20. (n° 220, n° 223). Printemps 1861. Conservés dans le Cahier 9.

21. (n° 226). Printemps 1861. Ce quatrain, écrit au crayon et signé «Emily —», a été adressé à Samuel Bowles. Un autre exemplaire, écrit à l'encre, est conservé dans le Cahier 9 et diffère au dernier vers, où un point d'exclamation remplace le tiret.

22. (n° 228). Printemps 1861. Conservé dans le Cahier 9.

---

1. Ruth Miller, *The Poetry of Emily Dickinson*, Middleton, Connecticut, Wesleyan University Press, 1968.

23. (nº 278). 1862. Ce quatrain, inclus dans une lettre envoyée à Louise et Frances Norcross au début de l'année, est précédé de la phrase : « Merci pour le passage. Qu'elle est lente à vivre, la vérité ! »

24. (nº 288). 1862. Ce quatrain, qui termine une lettre à Samuel Bowles datée de la mi-novembre 1862, est la dernière strophe d'un poème transcrit un an plus tard, au printemps 1863, dans le Cahier 28 : *« My first well Day – since many ill »* (« Mon premier Jour de santé – depuis longtemps »). On notera le caractère hyperbolique des lignes qui le précèdent : « Si Nous avions l'Art comme Vous – d'enrichir tant de gens rien qu'en recouvrant notre Santé, nous en tirerions un tendre orgueil – et ne pourrions taire la nouvelle – mais vous la communiquerions – à vous qui nous semblez y avoir le plus droit. Si peu de gens en vie – sont vivants – qu'il est d'une importance vitale – que pas un d'eux – ne s'échappe par la Mort… » Le quatrain est suivi de cette phrase : « Soyez assuré, cher ami, que vous Manquez – vous possédez des Fortunes de Vies. » Il a été adapté, la strophe du poème étant moins personnelle :

My loss, by sickness – Was it Loss?	Ma perte, par maladie – Fut-elle Perte ?
Or that Etherial Gain	Ou ce Gain Éthéré
One earns by measuring the Grave –	Qu'on acquiert en mesurant la Tombe –
Then – measuring the Sun –	Puis – en mesurant le Soleil –

25. (nº 296). Début 1862. Conservé dans le Cahier 12.

26. (nº 325). 1862. Ce quatrain est la dernière strophe du poème : *« There came a Day at Summer's full »* (Vint un Jour au plus fort de l'Été), dont on compte en tout cinq versions, datant toutes de la même année. Il conclut une lettre de condoléances envoyée vers le début de janvier au Révérend Edward S. Dwight, ancien pasteur d'Amherst, qui venait de perdre sa femme. La strophe du poème dans son entier est la suivante :

Sufficient troth – that we shall rise –	Nous ressusciterons, suffise ce vœu –
Deposed – at length – the Grave –	Déposée – enfin – la Tombe –

To that New Marriage,   Pour ce Mariage Nouveau,
Justified, through Calvaries   Par des Calvaires d'Amour
  of Love!   – légitimé!

27. (n° 374). Début 1862. Ce quatrain, adressé à Samuel Bowles, fait partie d'un poème, *« It will be Summer — eventually »*, transcrit à l'automne de la même année dans le Cahier 18.

28. (n° 443). Fin 1862. Conservé dans le Cahier 21. Le mot *Queen* (Reine) fait partie du vocabulaire d'Emily qui tantôt se l'applique à elle-même, tantôt à d'énigmatiques tierces personnes. Il pourrait s'agir ici de Susan Dickinson.

29. (n° 487). Fin 1862. Conservé dans le Cahier 23. Une variante est proposée au v. 3 : *The notice* (L'annonce) / *Monition* (L'Avertissement).

30. (n° 499). 1863. Inclus dans une lettre à T.W. Higginson, qui participait à la guerre de Sécession. Le quatrain est précédé des lignes suivantes : « J'ai découvert que vous étiez parti, par hasard, comme je le découvre des Systèmes, ou des Saisons de l'année, sans en apprendre la cause – je suppose qu'il s'agit d'une trahison du Cours des choses – qui se dissout à mesure. Carlo [nom du chien d'Emily] – restait pourtant – et je le lui ai dit –… »

31. (n° 500). 1863. Inclus un peu plus loin dans la même lettre. Le distique, venant après des considérations sur la mort et le passage de la fleur au fruit, est précédé de cette phrase : « Je pensais aujourd'hui – comme je l'ai remarqué, que le "Surnaturel" – n'est que le Naturel, révélé – ».

32. (n° 502). 30 mai 1863. Conclut une lettre, aujourd'hui perdue, à Louise et Frances Norcross. E. D. raconte que, lors de l'enterrement d'une certaine Jennie Hitchcock, une poule et ses poussins s'étaient élancés vers sa fenêtre. Le distique succède à la remarque suivante : « Je suppose que la défunte les nourrissait et qu'ils voulaient lui dire au revoir. »

33. (n° 505). 1863. Ce quatrain adressé à une correspondante, Gertrude Vanderbilt, a été transcrit sous une forme un peu différente dans le Cahier 39. Deux variantes de la

version donnée ici sont proposées. Au v. 2 : *melody / Poesy* –.
Au v. 3 : *indicate / celebrate* –.

34. (nº 526). Printemps 1863. Conservé dans le Cahier 28.

35. (nº 540). 1863. Conservé dans le Cahier 28. Le même poème, signé « Emily », a été adressé à Susan Dickinson. Il est disposé en cinq vers.

36. (nº 566). 1863. En deux exemplaires. L'un, signé « Emily », a été adressé à « Miss Whitney » (Maria Whitney). L'autre est conservé dans le Cahier 27. Deux variantes y sont proposées au v. 4 : *exhibit* (montre, témoigne de) / *enable* (permet) / *embolden* (enhardit). On remarquera le sens fort du verbe *to do* au v. 3.

37. (nº 601). Été 1863. Conservé dans le Cahier 26. Au v. 2, la variante *Transitive* est proposée à la place de *Positive*, qui renvoie textuellement au positif de l'orgue.

38. (nº 641). Seconde moitié de 1863. Conservé dans le Cahier 31.

39. (nº 742). Seconde moitié de 1863. Conservé dans le Cahier 36.

40. (nº 779). Fin 1863. Conservé dans le Cahier 37.

II. 1864-1865

1. (nº 797). Fin 1865. Transcription sous forme de quatrain, dans le *Set* 6a, d'un poème en cinq vers (le dernier vers étant divisé ainsi : « Puisque le Ciel et lui / Ne font qu'Un »), adressé à Susan Dickinson au début de 1864.

2. (nº 805). Début 1864. Écrit au crayon sur une feuille de papier à lettres et signé « Emily », ce quatrain n'a été ni envoyé ni transcrit dans un Cahier.

3. (nº 806). Avril 1864. Il existait trois exemplaires de ce quatrain. Le premier, préparé comme en vue d'un envoi, a été retenu ici. Un autre, dont le manuscrit s'est perdu, a été adressé par E. D. à son cousin Perez Dickinson Cowan, dont le journal signale en effet l'envoi d'un bouquet de fleurs accompagné de ce poème à la date du 26 avril. Le troisième a été transcrit en 1865 dans le *Set* 7. Une variante y est proposée aux v. 3-4 :

I know the Family	J'en connais la Famille
in Tripoli.	à Tripoli.

4. (n° 810). 1864. En deux exemplaires. L'un, écrit au crayon, a été adressé par E. D. à sa tante Lucretia Bullard, également pour la remercier. Il est précédé des mots : « Chère tante » et signé : « Affect. Emily ». L'autre, transcrit vers la fin de 1865, est conservé dans le *Set* 6a.

5. (n° 811). 1864. Inclus dans une lettre écrite au crayon, envoyée à Susan Dickinson par E. D. vers le mois de juin, lorsqu'elle se trouvait à Cambridge. Le quatrain est précédé de la phrase : « Je savais que c'était "novembre", mais il est vrai que » et suivi de cette réflexion : « C'est pourquoi je préfère la Puissance, car la Puissance est Gloire, quand elle le veut, et aussi Domination – ». Il est composé des deux premiers vers d'un poème en quatre strophes transcrit vers la fin de 1865 dans le *Set* 6c. La première strophe est ainsi rédigée :

There is a June when Corn is cut	Il est un Juin lorsque le Blé est coupé
And Roses in the Seed –	Et les Roses en Graine –
A Summer briefer than the first	Un Été plus bref que le premier
But tenderer indeed	Mais plus tendre ô combien

E. D. a souvent souligné le caractère subjectif des saisons.

6. (n° 812). 1864. Écrit au crayon sur un feuillet de papier à lettres. Dans la poésie dickinsonienne, le soleil est une métaphore fréquente de l'amour.

7. (n° 813). 1864. En deux exemplaires. L'un, écrit au crayon et signé « Emily », a été adressé à Maria Whitney, qui venait de perdre sa sœur Sarah le 9 juillet 1864. L'autre a été transcrit au début de 1865 dans le *Set* 5.

8. (n° 814). 1864. En trois exemplaires. L'un, écrit au crayon et signé « Emily », a été adressé à son frère Austin vers 1864. Un autre, également au crayon et de la même époque, a été conservé par E. D. Un autre, enfin, a été transcrit au début de 1865 dans le *Set* 5. La « résidence » de Dieu est décrite comme un domaine vierge de toute colonisation dans un autre poème (*« My period had come for Prayer – »* / « Mon heure était venue de Prier – »).

9. (nº 816). 1864. En deux exemplaires. L'un, signé « Emily, », a été adressé à « Sue » (Susan Dickinson). Ce poème a pu accompagner un petit cadeau, E. D. voulant remercier sa belle-sœur d'une attention à son égard avant son départ pour Cambridge. L'autre a été transcrit au début de 1865 dans le *Set* 5. Le dernier mot du premier vers, *Sue*, y est remplacé par *Sweet* [Chéri(e)].

10. (nº 817). 1864. Écrit au crayon et signé « Emily », a été adressé à « Sue » (Susan Dickinson). Il constitue la dernière strophe d'un poème qui en compte quatre, transcrit vers la fin de 1865 dans le *Set* 6a. *The Single Hound* est le titre du recueil de poèmes d'E. D. publié en 1914 par les soins de sa nièce, Martha Bianchi.

11. (nº 820). 1864. Inclus dans une lettre à T.W. Higginson écrite au crayon au début de juin, lorsqu'E. D. suivait un traitement pour ses yeux à Boston. Ce tercet constitue la première strophe du poème *« The only news I know »* (« Mes seules nouvelles »), transcrit dans le Cahier 40 la même année. E. D. était en effet sans nouvelles de Higginson, blessé en juillet 1863 pendant la guerre de Sécession. Le poème succède à la phrase : « Je souhaite vous voir plus qu'avant ma maladie – Vous me donnerez des nouvelles de votre santé ? Je suis surprise et inquiète, depuis que j'ai reçu votre billet – ».

12. (nº 829). Début 1864. Conservé dans le Cahier 40.

13. (nº 850). Début 1864. Conservé dans le Cahier 38.

14. (nº 861). Ce quatrain, qui constitue la seconde strophe d'un poème transcrit au début de 1864 dans le Cahier 38, est inclus dans une lettre à T.W. Higginson postée le 9 juin 1866. Il succède à ces lignes : « Votre opinion m'inspire un sentiment grave. J'aimerais répondre à l'idée que vous avez de moi. Merci, Carlo me manque. » et précède ces réflexions : « Reste mienne la Colline, mon vestige de Gibraltar. La Nature, me semble-t-il, joue sans ami. »

15. (nº 862). 1864. Écrit au crayon, signé « Emily, » et adressé à Susan Dickinson. Ce quatrain est la seconde strophe d'un poème conservé dans le Cahier 38. Dans cette version, E. D. a indiqué deux variantes. Au v. 1 : *steady tilled* / *steadfast tilled* (le sens des deux adjectifs utilisés comme adverbes est à peu près le même) et au v. 2 : *refund* / *reward* / *repay*, verbes synonymes.

16. (n° 867). Début 1864. Adressé à Susan Dickinson, sans nom de destinataire ni signature. Le quatrain constitue la seconde strophe du poème « *I felt a Cleaving in my Mind* – » (« J'ai senti un Clivage dans mon Esprit – »), conservé dans le *Set* 2.

17. (n° 874). Début 1864. Conservé dans le Cahier 39. Une variante est proposée au v. 4 : *sentence* (condamnation) / *Exile*. C'est ici l'option retenue.

18. (n° 878). Début 1864, en deux exemplaires. L'un, disposé en cinq vers, a été adressé à Susan Dickinson. L'autre, conservé dans le Cahier 39 et reproduit ici, a été contracté en quatrain, les deux premiers vers n'en formant plus qu'un. Au v. 1, E. D. a remplacé *Worth* (Valeur) par *Weight* (Poids).

19. (n° 884). Début 1864. Conservé dans le Cahier 39. Une variante est proposée au v. 4 : *reward the end* (est récompense à terme) / *Be at the end* (est au bout). Option ici retenue.

20. (n° 892). 1865. Écrit au crayon sur un fragment de papier à lettres.

21. (n° 893). 1865. Écrit au crayon et signé « Emily – », ce quatrain est adressé à Susan Dickinson. Il accompagnait peut-être une fleur et est précédé de la mention : « *Rare to the Rare* – » (« Rare à la Rare – »).

22. (n° 896). 1864. Écrit au crayon sur un fragment de papier à lettres. Le thème de la suprématie de l'âme est fréquent chez E. D. qui l'oppose effectivement à un empereur dans le poème « *The Soul selects her own Society* » (« L'Âme choisit sa Compagnie »). Le pourpre était par ailleurs sa couleur favorite.

23. (n° 898). Fin 1865. Écrit au crayon, ce tercet conclut une lettre non signée adressée à *Sister* (Sœur). La destinataire, Susan Dickinson, séjournait alors à Geneva, New York, chez sa sœur Martha Smith. Il est précédé de ces lignes : « Merci pour la Tendresse – C'est le seul aliment, je le constate, qu'accepte la Volonté, et pas des doigts de tout le monde – Je suis heureuse que tu sois partie – Cela ne t'éloigne pas – Je te cherche d'abord à Amherst, puis tourne mes pensées sans avoir besoin de Fouet – tant elles te suivent fidèlement –».

24, 25, 26. (nos 904, 906, 908). Début 1865. Conservés dans le *Set* 5.

27. (no 919). 1865. Il existe deux exemplaires de ce tercet, ne présentant que des différences de ponctuation, conservés respectivement dans les *Sets* 5 et 7.

28, 29. (nos 931, 936). Début 1865. Conservés dans le *Set* 5.

30. (no 949). 1865. En deux exemplaires. L'un, écrit au crayon et signé «Emily», a été adressé à Samuel Bowles au début de l'année. L'autre a été transcrit plus tard dans le *Set* 7. Le dernier vers présente une variante : *prevailing* remplace *superior*, mais le sens est inchangé.

31, 32. (nos 952, 954). 1865. Conservés dans le *Set* 7.

33. (no 956). 1865. En deux exemplaires, dont l'un a été adressé à Susan Dickinson et l'autre est conservé dans le *Set* 7.

34. (no 959). 1865. Conservé dans le *Set* 7.

35. (no 966). 1865 et 1866. En deux exemplaires, ce quatrain est la contraction d'un poème en six vers écrit au crayon en 1865, adressé à «Sue» et signé «Emily». L'un a été transcrit la même année dans le *Set* 7. L'autre, reproduit ici, a été joint à une lettre envoyée à T.W. Higginson un an plus tard, le 17 mars 1866.

36. (no 968). 1865. Conservé dans le *Set* 7.

37. (no 971). 1865. Conservé dans le *Set* 7. Le mot *bells* peut désigner les cloches de l'église ou les clochettes d'un traîneau. On peut imaginer que le «voisin qui jamais ne mit pied à terre» est un bébé mort-né, ce qui expliquerait le glas.

38. (no 972). 1865. En deux exemplaires. L'un, écrit au crayon, sans nom de destinataire ni signature, a été adressé à Susan Dickinson. Au verso, celle-ci a inscrit au crayon, en donnant une date erronée : «adressé par Emily en 1860».

L'autre a été transcrit dans le *Set* 7. Le verbe *infers*, au v. 3, y apparaît au présent.

39, 40. (n°s 980, 990). 1865. Conservés dans le *Set* 7.

41. (n° 996). Ce quatrain est la dernière strophe d'un poème qui en compte quatre, composé en 1865 et conservé dans le *Set* 7. Il est inclus dans un brouillon de lettre à T.W. Higginson écrit vers octobre 1870 et resté inachevé. Il est précédé de ces lignes : « Les Risques de l'Immortalité font peut-être son charme – Un Délice garanti manque d'enchantement – La Maison Hantée, plus vaste, semble-t-il, de l'Enfance mûrie – inquiétante de loin – est aussi intime quand enfin on y pénètre que la petite Maison d'un voisin – ». Cette lettre se présente comme une véritable mosaïque de quatrains. Elle est reproduite plus loin dans son intégralité, car elle constitue un remarquable exemple de « lettre-poème », où la prose paraît presque plus tendue et concentrée que les vers.

42. (n° 997). 1865. Conservé dans le *Set* 7.

43, 44, 45, 46, 47, 48, 49. (n°s 1000, 1001, 1002, 1004, 1006, 1007, 1008). 1865. Conservés dans le *Set* 7.

50. (n° 1016). 1865. En deux exemplaires. L'un, adressé à « Sue » et signé « Emily », a été envoyé à Susan Dickinson. L'autre est conservé dans le *Set* 7.

51, 52, 53, 54, 55, 56, 57. (n°s 1019, 1024, 1025, 1026, 1027, 1030, 1034). 1865. Conservés dans le *Set* 7.

58. (n° 1039). 1865. En deux exemplaires. Le manuscrit de l'un, envoyé à Louise et Frances Norcross, est perdu, l'autre est conservé dans le *Set* 7. Ce poème est purement ludique, jouant sur la consonne *t* et le rapprochement des mots *Plate* / *Palate*.

59. (n° 1040). 1865. Conservé dans le *Set* 7. Jeu de mots sur *Glory*, qui signifie aussi *Morning Glory*, le volubilis.

60, 61, 62, 63. (n°s 1041, 1051, 1052, 1055). 1865. Conservés dans le *Set* 7. Dans le quatrain n° 61, l'adjectif *failless* signifie textuellement « qui ne peut manquer ».

64. (n° 1060). 1865. Conservé dans le *Set* 6b. Une variante est proposée au v. 2 : *Tissue Door* (Portière) / *Folding Door* (Porte pliante).

65, 66, 67, 68. (n⁰ˢ 1073, 1079, 1082, 1087). 1865.
Conservés dans le *Set* 6b. Dans le n° 68, une variante est pro-
posée au v. 4 : *Drill silently* (Rompent en silence) / *Arrange the
Heart* (Disposent le Cœur).
69, 70. (n⁰ˢ 1094, 1101). Fin 1865. Conservés dans le
Set 6c.
71. (n° 1105). Fin 1865. Conservé dans le *Set* 6c. Une
variante est indiquée au v. 4 : *fitted* (sens de « agencer ») / *mat-
ched* (sens de « égaler »). Il y a un jeu de mots au v. 3, le mot
Ring pouvant désigner aussi bien le cercle que l'anneau de
mariage.

III. 1866-1876

1. (n° 1124). 1866. Conclut une lettre du début de mai,
aujourd'hui perdue, adressée à Elizabeth Holland. Le quatrain
fait suite aux phrases suivantes : « Vous parlez du plaisir inter-
dit d'être avec ceux que l'on aime. Je suppose que c'est là la
permission refusée par Dieu. »
2. (n° 1125). 1866. Ce quatrain, dont il existe un projet au
crayon, avec une variante proposée (et adoptée) au v. 3 : *dwell*
(habitera) / *own* (aura part), conclut une lettre datée du 9 juin
envoyée à T.W. Higginson. Dans les lignes qui le précèdent,
E. D. répond à une remarque de son correspondant touchant
l'Immortalité : « Vous parlez de l'Immortalité. C'est là le sujet
Déluge. On m'a dit que la Rive était l'endroit le plus sûr pour
un Esprit sans Nageoire. Je n'explore que peu depuis le
mutisme de mon Complice [E. D. fait allusion à la mort de
son chien Carlo], pourtant la "Beauté infinie" dont vous par-
lez vient trop près pour qu'on la cherche. Pour échapper à
l'enchantement, il faut toujours fuir. »
3. (n° 1128). 1866. Écrit au crayon et signé « Emily – », a
été adressé à Susan Dickinson.
4. (n° 1132). 1867. Écrit au crayon sur un morceau d'en-
veloppe. Deux variantes sont proposées. Au v. 3 : *mercy* (misé-
ricorde) / *patience* ; au v. 4 : *Another Hour* (Encore une Heure)

/ *My earthly Hour* (Mon Heure terrestre) / *My human Life* (Ma Vie humaine).

5. (nº 1136). 1867. Écrit au crayon, sur un fragment de papier à lettres au verso duquel est dessinée une tombe à demi enfouie dans de hautes herbes. Ce quatrain perpétue la tradition puritaine du dialogue avec l'âme. Une variante est proposée au v. 1 : *risk / risks / chance*. On peut prendre *be not* (v. 3) au sens absolu de « ne pas être » ou le compléter par « avec toi ».

6. (nº 1145). 1868. Écrit au crayon sur un fragment de papier à lettres. Il y a évidemment un jeu de mots au v. 4, *Company* pouvant désigner une troupe de théâtre aussi bien que la société.

7. (nº 1146). 1868. Écrit sur un fragment de papier à lettres. Deux variantes sont proposées, intervertissant singulier et pluriel. Au v. 1 : *massacre / massacres*; au v. 2 : *sabres / sabre*. L'adjectif *soft*, pris ici au sens acoustique, conserve son sens premier de « doux » et souligne la volupté du massacre.

8. (nº 1153). 1868. Inclus dans une lettre à Louise et Frances Norcross, qui s'emploie à consoler « les chères Enfants ». Le quatrain est précédé de ces lignes : « Les petits billets iront aussi vite que le permettra la vapeur. Nos cœurs sont déjà partis. Si seulement nous pouvions poster nos visages pour tendrement vous donner courage. Souvenez-vous que... » Après le quatrain, la lettre reprend : « Confiez-nous tout votre fardeau. Le petit panier d'Amherst n'est jamais si rempli qu'il ne puisse contenir davantage. Pas un flocon n'assaille mes oiseaux qu'il ne me glace. »

9. (nº 1158). 1869. Écrit au crayon sur un fragment de papier à lettres. Les deux premiers vers de ce quatrain, écrits également au crayon et suivis de la signature « Emily –» ont été envoyés à Susan Dickinson. Ils diffèrent légèrement des précédents :

Best Witchcraft is Geometry	La meilleure Magie est Géométrie
To a Magician's eye –	À l'œil du Magicien –

10. (nº 1159). 1869. Écrit au crayon sur un fragment de papier à lettres et apparemment adressé à Susan Dickinson. Le mot *Fellows* (v. 3) renvoie à une confrérie.

11. (nº 1160). 1869. Écrit au crayon et adressé à Susan Dickinson. C'est la première strophe d'un poème qui en compte quatre.

12. (nº 1161). 1869. Écrit au crayon sur un feuillet de papier à lettres et apparemment envoyé à Susan Dickinson sans nom de destinataire ni signature. Le volcan est une des métaphores favorites d'E. D.

13. (nº 1165). 1870. Inclus dans une lettre datée de la fin de février à Catherine Sweetser, sa tante, à l'occasion du décès de son fils Henry. E. D. écrit : « Qui pourrait souffrir davantage pour vous que votre petite Nièce – qui connaît la profondeur du cœur et tout ce qu'il contient ? Je sais que nous verrons sûrement ceux que nous aimions le plus. Il est doux de penser que la Mort les a mis à l'abri et qu'il nous suffit de disparaître pour retrouver leur visage. Il n'y a pas de Morts, chère Katie, la Tombe n'est que la plainte qu'ils nous arrachent. »

14. (nº 1167). 1870. Écrit au crayon sur un fragment de papier. Quoique sans nom de destinataire ni signature, ce quatrain a pu être adressé à Susan Dickinson.

15. (nº 1169). 1870. En deux exemplaires, tous deux écrits au crayon. L'un, sans nom de destinataire, a apparemment été adressé à Susan Dickinson.

16. (nº 1170). 1870. Écrit sur une feuille de papier à lettres.

17. (nº 1171). 1870. En deux exemplaires écrits au crayon. L'un, signé « Emily – », a été conservé par E. D. L'autre a été apparemment adressé à Susan Dickinson.

18. (nº 1172). 1870. En deux exemplaires écrits au crayon. L'un, signé « Emily – », a été adressé à Susan Dickinson. Le mot *love* a été mis en majuscules.

19. (nº 1177). 1870. Inclus dans une lettre envoyée le 26 septembre à T.W. Higginson après la visite de celui-ci en août à Amherst. Le distique fait suite à la phrase : « Je me rappelle votre venue comme une douceur grave située désormais dans l'Irréel – ».

20. (nº 1179). 1870. Écrit au crayon sur un fragment de papier à lettres portant les mots : « Miss Vinnie ».

21. (nº 1180). 1870. En trois exemplaires dont l'un s'est perdu. La première version figure au début d'un projet de lettre, écrite au crayon en octobre et adressée à T.W. Higginson, mais non envoyée (voir Appendice, p. 233). Un autre exemplaire aurait été retrouvé, selon Millicent Bingham, fille de la première éditrice d'E. D., Mabel Loomis Todd, « dans la Correspondance Bowles ». Dans un troisième, conservé, E. D. a remplacé au v. 1 : *that we guess* (qu'on devine) par : *that we can guess* (qu'on peut deviner).

22, 23. (n° 1181, 1182). 1870. Inclus dans la lettre mentionnée ci-dessus.

24. (n° 1185). 1870. Écrit au crayon à l'intérieur d'une enveloppe adressée à « Dr J.G. Holland, Springfield, Mass. » Des variantes sont proposées pour le v. 3 : *Smiled too brave for the detecting* ou *for our detection* (Son sourire était trop courageux pour être décelé) et pour le v. 4 : *Till arrested here* (Jusqu'à ce qu'il s'arrête ici) ou *Discovered here* (soit découvert ici). On notera au v. 4 la rime intérieure : *hers / error.*

25. (n° 1191). 1870. Ce message écrit au crayon sur une feuille et signé « Emily – » a été adressé à Susan Dickinson, sans doute à l'occasion de ses quarante ans, le 19 décembre. Il se signale par sa grandiloquence. Dix ans après, Emily a célébré le cinquantième anniversaire de Susan Dickinson par un autre quatrain (voir le poème n° 45 de notre édition, p. 171).

26. (n° 1192). Vers Noël 1870. Conclut une lettre envoyée à Louise et Frances Norcross dans laquelle E. D. exhorte ses petites cousines à surmonter des difficultés d'ordre affectif : « Il est des êtres à la morgue qui nous ensorcellent par leur douceur, mais ce qui est mort doit aller en terre. Un verset de la Bible dit que certains ne connaîtront pas la mort. Sans doute parle-t-il de ceux qui ont la foi. L'amour n'expirera pas. À aucun instant il n'a été sans vie dans le monde, mais plus vite meurt la tromperie et mieux cela vaut pour la vérité, qui est notre précieuse amie. Je suis sûre que vous tirerez parti même de cette herbe amère. Les martyrs ne choisissent pas toujours leur nourriture. »

27. (n° 1193). 1871. Écrit au crayon sur une feuille et plié comme pour prendre place dans une enveloppe. A probablement été adressé à Susan Dickinson. Cette fleur, la monotrope, illustrait la couverture de la première édition des *Poèmes*.

28. (n° 1195). 1871. Écrit au crayon sur un fragment d'enveloppe, en même temps qu'une phrase apparemment sans rapport extraite d'un autre poème (n° 1227). Voir ci-dessous.

29. (n° 1202). Septembre 1871. Inclus dans une lettre envoyée à Susan Dickinson, qui séjournait à cette époque chez sa sœur Martha Smith, à Geneva, dans l'État de New York. La lettre débute ainsi : « Ressentir ton absence, Sue, est pouvoir. Le stimulant qu'est le Deuil rend la plupart des Possessions mesquines. Vivre dure toujours, mais aimer est plus fort que vivre. Nul Cœur brisé qui ne soit allé plus loin que l'Immortalité. » Après quelques observations assez humoristiques sur la maison de Susan Dickinson, les Evergreens, E. D. reprend : « Rien ne s'en est allé, sinon l'Été, ni personne que tu connaisses. Les Forêts sont à demeure – les Montagnes intimes la Nuit et arrogantes à Midi, et il y a dans l'air une Fluidité solitaire, pareille à une Musique en suspens. » Le quatrain succède à ces lignes.

30. (n° 1204). 1871. Écrit au crayon sur un fragment de papier d'emballage.

31. (n° 1205). 1871. Écrit au crayon sur un fragment d'enveloppe où figure la mention « Milwaukee, 6 oct. ».

32. (n° 1216). Ce quatrain, seconde strophe d'un poème de huit vers composé en 1871, et dont il existe trois exemplaires, termine une lettre envoyée à T.W. Higginson en janvier 1874. E. D. fait référence à des textes de celui-ci qu'elle venait de relire, notamment un livre d'essais intitulé *Oldport Days* : « Est-ce vous, demande-t-elle, qui êtes venu ? », faisant allusion à une deuxième visite de son correspondant en décembre 1873.

33. (n° 1223). Ce quatrain, seconde strophe d'un poème de huit vers également composé en 1871, est inclus dans une lettre de condoléances adressée à T.W. Higginson en mars 1872 après la mort de son frère, où il fait suite à ces phrases : « Je suis navrée que votre Frère soit mort. Je crains qu'il ne vous ait été cher. Je serais heureuse de savoir que le chagrin ne vous a pas éprouvé – ».

34. (n⁰ 1227). 1871. Écrit au crayon et adressé à Susan Dickinson. C'est la première strophe d'un poème qui en compte deux, conservé dans le *Set* 9 et envoyé par ailleurs à T.W. Higginson en novembre. Un mot y diffère au v. 2, *Breast* (Poitrine) ayant remplacé *Heart* (Cœur).

35. (n⁰ 1242). Ce quatrain est formé des quatre derniers vers d'un huitain composé en 1872. Inclus dans une lettre à T.W. Higginson datée de janvier 1874, il concrétise une série de réflexions provoquées par la deuxième visite de celui-ci peu de temps auparavant. E. D. parle du vide laissé par le départ de son ami, mais le souvenir, dit-elle, triomphe en définitive de l'absence, ou plutôt l'absence perpétue son objet : « La Mort obtient la Rose, mais la Nouvelle du Mourir ne va pas plus loin que la Brise. L'Oreille est le dernier Visage. On entend après que l'on voit. Rencontrant un Oiseau ce Matin, j'ai commencé par fuir. Il l'a vu et s'est mis à chanter… » Dans le poème, E. D. a employé un pronom du genre féminin aux v. 3 et 4.

36. (n⁰ 1248). 1872. Écrit au crayon sur un fragment de papier à lettres.

37, 38. (n⁰ 1249, 1250). 1872. Écrits tous deux au crayon au dos du programme d'une cérémonie de remise de diplômes du Collège agricole du Massachusetts, qui eut lieu les 15 et 16 juillet. Les deux premiers vers du n⁰ 1250 sont une citation d'un poème de William Channing.

39. (n⁰ 1251). 1872. Écrit au crayon au revers d'une enveloppe adressée par E. D. à « La petite Maggie », fille de domestiques irlandais au service des Dickinson. Une légère variante est indiquée au v. 3. Au lieu de l'adjectif démonstratif *that* (ce), l'adjectif possessif *his* (son) est proposé.

40. (n⁰ 1254). Vers 1872. Écrit au crayon sur un fragment de papier d'emballage.

41. (n⁰ 1267). 1872. En deux exemplaires, dont l'un, signé « Emily – », a été adressé à Susan Dickinson et l'autre, inclus dans une lettre à T.W. Higginson, qui commence ainsi : « Vivre est si stupéfiant qu'il reste peu de place pour d'autres occupations, bien que l'Amitié soit s'il se peut un événement plus beau. Je suis heureuse que vous ayez fait ce Voyage si longtemps désiré et rendue humble – à voir que mon Maître n'a rencontré ni accident ni Mort. » (T.W. Higginson était parti pour un voyage de deux mois en Europe, de la fin avril au début de juillet 1872). Le quatrain succède à ce préambule.

42. (n° 1268). 1872. Ce quatrain est la première strophe d'un poème qui en compte deux. Il conclut une lettre envoyée à Louise et Frances Norcross vers la fin de l'année, dans laquelle E. D. fait allusion à une phrase de sa cousine Louise qu'elle a toujours en mémoire : « Si je devais ne plus revoir ton visage, elle serait ton portrait, et dans le cas contraire, plus vivante que ton visage mortel. Nous devons faire attention à nos paroles. Nul oiseau ne reprend son œuf. » Dans le quatrain, E. D. a adopté deux variantes indiquées dans le poème. Au v. 2, *consecrate* (consacrer) a remplacé *stimulate* (stimuler) et au v. 4, *author* (auteur) a remplacé *maker* (créateur). E. D. a introduit en outre une nouvelle variante non préalablement indiquée, en remplaçant *dropped* (lâché) par *left* (laissé).

43. (n° 1270). 1872. Conclut une lettre envoyée à T.W. Higginson en décembre. E. D. y remercie son correspondant pour la « Leçon » : « Je l'étudierai, écrit-elle, bien que jusqu'ici… » Le distique qui suit cette phrase est extrait d'un poème de six vers composé la même année, existant en deux exemplaires.

44. (n° 1291). 1873. Écrit au crayon sur un fragment de papier à lettres. Des variantes sont indiquées. Au v. 3 : *diviner* (plus divin) / *majestic* (majestueux) ; au v. 4 : *disclosed to be* (sitôt qu'entrevu) / *displayed to be* (sitôt que déployé).

45. (n° 1292). 1873. Écrit au crayon sur le revers d'une enveloppe. Une légère variante est indiquée au v. 2 : *only* (seulement) / *merely* (simplement).

46. (n° 1293). 1873. Écrit au crayon sur un fragment de papier à lettres. Sans nom de destinataire ni signature, a pu être envoyé à Susan Dickinson.

47. (n° 1296). 1873. En deux exemplaires écrits au crayon, l'un sur un fragment de papier à lettres, l'autre sur un morceau de papier. Sur ce dernier, E. D. a biffé les trois derniers vers. Il y a un jeu de mots au v. 4, *will* signifiant à la fois volonté et testament. *Secreted* a également un double sens, comme en français.

48. (n° 1300). 1873. Conclut une lettre envoyée à Susan Dickinson pendant l'automne, époque à laquelle celle-ci allait séjourner tous les ans chez sa sœur Martha Smith à Geneva, dans l'État de New York. Il est précédé de façon assez énigmatique par des considérations sur le climat : « ... Voici l'extrême de la saison. Le transport qu'on ne remet pas est est *(sic)* encore là avec nous tous. Mais les Sujets empêchent la parole. » Il existe de ce quatrain un autre exemplaire à l'état de brouillon, écrit au crayon sur un fragment de papier à lettres et ne comportant que les deux derniers vers.

49. (n° 1301). 1873. Écrit au crayon et inclus peut-être dans une lettre à Elizabeth Holland.

50. (n° 1303). 1873. Écrit au crayon sur une feuille de papier à lettres. Ce quatrain, sans nom de destinataire ni signature, semble avoir été adressé à Susan Dickinson.

51. (n° 1305). 1873. Écrit au crayon et signé « Emily », comme en vue d'un envoi. Il comporte une variante : *the Catacomb* (la Catacombe) / *man's Catacomb* (la Catacombe humaine). Un autre exemplaire, écrit également au crayon sur un fragment de papier à lettres, groupe les quatre vers en trois.

52. (n° 1307). 1873. Écrit au crayon sur un fragment de papier à lettres.

53. (n° 1308). 1873. Écrit au crayon sur un fragment de papier à lettres, probablement à la mémoire de son père, mort cette même année.

54. (n° 1321). 1874. Termine un bref message de condoléances adressé à Sarah Jenkins en mars 1874, à l'occasion de la mort d'un certain Charles Sumner. Il succède à la phrase : « Je cueille pour vous une fleur en souvenir de Sumner – Il appartenait à son Pays – Elle – appartient au Temps – ».

55. (n° 1323). 1874. Écrit au revers d'une enveloppe. Le quatrain comporte des variantes au v. 2 : *shrunken / shrivelled / dwindled*. Les deux premiers mots ont la même signification, le troisième indique une idée plus abstraite de diminution. Pour les v. 2 et 3, il est proposé : *Is chastened small / By one* *heroic Face* (Est mortifié par un Visage héroïque) et pour le v. 4 : *That owned it all* – (Qui le possédait tout –).

56. (n° 1324). 1874. Écrit au crayon à l'intérieur d'une enveloppe.

57. (n° 1327). Fin mai 1874. Inclus dans une lettre à T.W. Higginson, le tercet est précédé de ces lignes : « Je croyais qu'être un Poème soi-même empêchait d'en écrire, mais je découvre mon Erreur. C'était comme rentrer chez Soi, que de lire une fois de plus votre belle pensée, aujourd'hui que tant de temps l'a prohibée – Est-ce l'Intelligence que désigne le Patriote lorsqu'il parle de son "Pays natal"? J'aurais craint de vous citer ce que "vous estimiez le plus". Vous avez fait l'expérience de la sainteté. Elle reste pour moi inéprouvée. »

58. (n° 1339). 1874. Écrit sur un morceau de papier, a peut-être été composé en souvenir de son père, mort le 16 juin de cette même année.

59. (n° 1344). 1874. Écrit au crayon sur deux morceaux de papier épinglés ensemble.

60. (n° 1350). 1874. Inclus dans une lettre à T.W. Higginson de la fin mai, ce quatrain a été élaboré à partir d'un poème, *The Mushroom is the elf of plants*, dont il subsiste cinq autres états, d'une longueur variable. Il répond à une question de Higginson : « Vous avez la bonté de vous enquérir de mes Fleurs et de mes Livres – J'ai très peu lu ces derniers temps – L'Existence a triomphé des Livres. Aujourd'hui, j'ai assassiné un Champignon –… » Dans le poème, E. D. a employé le présent et non le *prétérit* : *I feel as* (Il me semble que).

61. (n° 1352). 1875. Ce quatrain est la première strophe d'un poème qui en compte deux. Inclus dans une lettre datée de la fin janvier et adressée à Mrs J.G. Holland, il intervient après l'évocation du froid en phrases brèves, comme martelées : « Nulle manifestation de Vent ni d'Oiseau ne brise le Sortilège d'Acier. La Nature prodigue la Rigueur – aujourd'hui – où elle prodigua l'Amour. Châtiant – peut-être – la Jeune Fille qu'elle accueille. Ma Maison est une Maison de Neige – vraie – tristement – pour quelques êtres. Mère dort dans la bibliothèque – Vinnie – dans la Salle à manger

– Père – dans le Lit Masqué – dans la Maison de Marne… »
Au v. 1, E. D. a remplacé l'adjectif démonstratif *this* qui figure
dans le poème par l'adjectif possessif *his*; aux v. 2 et 4, les
adjectifs démonstratifs *these* et *this* par *those* et *that* qui intro-
duisent une nuance d'éloignement. Au v. 4, jeu de mots sur
Down (duvet), qui signifie aussi « bas » et désigne le royaume
des morts.

62. (n° 1368). 1875. Ce tercet est constitué par les trois der-
niers vers d'un sizain. Il conclut un bref message, daté de la fin
octobre, adressé à Helen Hunt à l'occasion de son mariage avec
William S. Jackson et est précédé de la phrase : « Ai-je un autre
mot que celui de Joie ? » Dans sa réponse, Helen Hunt Jackson
demanda à Emily ce qu'elle entendait par *Dooms* (Destins).

63. (n° 1370). 1875. Mis au net comme en vue d'un
envoi.

64. (n° 1371). 1875. Écrit au crayon, ce quatrain conclut
une lettre à Elizabeth Holland. Il est précédé de la phrase : « Je
vous remercie de toutes mes forces – et le Docteur comme
vous-même – et vous encore une fois pour votre gentil billet. »

IV. 1876-1886

1. (n° 1387). 1876. En deux exemplaires. L'un est inclus
dans une lettre envoyée en janvier à T.W. Higginson. E. D.
mentionne que Samuel Bowles a fleuri deux fois la tombe de
son père et conclut par ce quatrain, manifestement composé à la
mémoire de celui-ci. Un autre exemplaire, signé « Emily », a été
adressé au révérend J.L. Jenkins, pasteur d'E. D., et à sa femme
Sarah. Les deux derniers vers sont distribués autrement :

If Duty – live –	Si le Devoir – vit –
Contented, but her Confederate	Comblé, de n'être que Confédéré

2. (n° 1388). 1876. Il existe deux versions de ce quatrain
qui n'ont en commun que le premier vers. L'une figure au
début d'une lettre à T.W. Higginson datée de février, après
ces lignes : « Il y a tant de choses tendrement profanes, même
dans la Vie Humaine la plus sacrée – que c'est peut-être l'ins-

Notes

tinct et non le dessein, qui nous en dissuade.» L'autre, sans nom de destinataire ni signature, a été adressée à Susan Dickinson.

3. (nº 1390). Printemps 1876. Inclus dans une lettre à T.W. Higginson, le tercet fait allusion à la mort du père d'E. D. Il est précédé de la phrase : «Quand je pense à la Vie solitaire de mon père et à sa Mort plus solitaire encore, il y a cette réparation – ».

4. (nº 1391). Printemps 1876. Figure au début d'une lettre à T.W. Higginson. E. D. y rappelle ses impressions à la lecture du premier ouvrage de celui-ci, *Outdoor Papers* (1863). Le quatrain vient après ces lignes : « Il est encore aussi distinct que le Paradis – le jour où j'ai ouvert votre premier Livre – C'était des Palais – des Nations – une Famille – aussi – pour moi – » La citation est empruntée à la deuxième Épître de saint Paul aux Corinthiens, 5.1.

5. (nº 1392). Juin 1876. Signé «Emily» et adressé à Olive Stearns à l'occasion de la mort de son mari, William A. Stearns, président d'Amherst College.

6. (nº 1396). 1876. En deux exemplaires écrits au crayon. L'un conclut un court message adressé à T.W. Higginson vers le mois d'août, dans lequel Emily fait allusion à une possible visite de celui-ci : «J'avais presque cru d'après votre ton que vous pourriez venir à Amherst. Je ne voudrais pas me tromper dans une aussi précieuse hypothèse – mais une Plume a d'innombrables inflexions alors que la Voix n'en a qu'une, trouverez-vous stupide que je vous demande si je vous ai bien compris?» L'autre est inclus dans un billet destiné à un autre correspondant, mais non envoyé. Il est précédé de ces lignes : «Merci de ce Délice. Le Livre est beau et solitaire, comme un Mémoire du Soir.» Le pluriel du v. 1 (*their*) et du v. 4 (*them*) est remplacé par un singulier (*his* / *him*). Le *I* du v. 2 est remplacé par un pluriel : *We*.

7. (nº 1399). 1876. Écrit au crayon sur un fragment de papier à lettres. Au dos, à l'encre, E. D. a écrit «E» six fois, ainsi que le nom de «Mary».

8. (nº 1400). 1876. En deux exemplaires écrits au crayon.

La version reproduite ici est l'aboutissement du brouillon ci-dessous :

The worthlessness of Earthly things	La vanité des choses Terrestres
The Sermon is that Nature sings	De la Nature est le Sermon
And then enforces their Delight	Mais elle en ordonne la Volupté
Till Zion is inordinate –	Jusqu'à dérégler Sion –

Des variantes sont proposées au v. 1 : *worthlessness / emptiness* (même sens) ; au v. 2 : *Sermon / Ditty* et au v. 4 : *Till Zion is inordinate / Till Rectitude is suffocate* (Jusqu'à ce qu'étouffe la Rectitude). E. D. n'a adopté que la suggestion du v. 2, remplaçant le mot « sermon » par « refrain ».

9. (n° 1402). 1876. Écrit au crayon sur un feuillet de carnet contenant aussi le poème n° 1403. Une variante est proposée au v. 2 : *there is a morn* (il est un matin) / *somewhere is morn* (quelque part il est un matin).

10. (n° 1403). 1876. Écrit sur un feuillet de carnet (voir ci-dessus). Deux variantes sont proposées au v. 4 : *Because a Bard too soon* (Comme un trop précoce Barde) / *That wert a Bard too soon* (Toi qui étais un trop précoce Barde) / *The Bard to silence born* (Barde né pour le silence).

11. (n° 1410). Fin été 1876. Inclus dans une lettre à Mrs Higginson. E. D. espère que celle-ci, malade, « pourra être un jour assez forte pour sourire de maintenant ». Le quatrain succède à la phrase : « C'est là le critère de notre Espoir, car ce qui est – est éphémère, mais ce qui est à venir – long – et d'ailleurs, Le Flocon, etc. » Il y a un jeu de mots au v. 3 : *Down* désigne le duvet, mais aussi le bas. Nous avons fondu les deux sens.

12. (n° 1411). Octobre 1876. Ces deux quatrains sont des versions de la première et de la seconde strophe d'un poème qui en compte deux. Le premier a été adressé à Elizabeth Holland. Le second est inclus dans une lettre à T.W. Higginson de la fin du mois, sans rapport, semble-t-il, avec ce qui précède : « Mon Frère et ma Sœur parlent de vous – et briguent votre bon souvenir – peut-être permettrez-vous le mien, à Mrs Higginson ? » Dans la version de la première strophe (Holland), au v. 2, E. D. a hésité entre *Shelf* (Étagère) et *Fence* (Clôture), les qualifiant tour à tour de *boundless* (vaste), *mighty* (auguste), *subtle* (subtile). Au v. 3 (*Unobserved – a Ribin slipt* / À son insu – un Ruban a glissé), le verbe *slipt* (a glissé) a été remplacé par *dropt* (tombé). Enfin, au v. 4, E. D. avait d'abord écrit : *Summon it* (Appelle-lc), *Fasten it* (Attache-le), *Snatch it* (Saisis-t'en) et *Covet it* (Convoite-le), avant de revenir à *Snatch it* (Saisis-t'en). Dans la version de la seconde strophe (Higginson), les deux derniers vers ont remplacé ceux-ci :

Where she is – as was she –   Où il est – où était-il –
The Affair of Awe –   C'est l'Affaire de l'Effroi –

13. (n° 1416). 1876. En trois exemplaires. Ce quatrain est la seconde strophe d'un poème qui en compte deux. L'un est inclus dans un billet adressé à Susan Dickinson vers la fin de l'année, où il est précédé de la phrase : « Voici la dernière fleur – » et suivi de : « n'appartient – peut-être – qu'au Soleil couchant ». L'autre figure dans une lettre envoyée à T.W. Higginson au début de l'année suivante. Dans ce dernier cas, il accompagnait l'envoi d'un livre de Lowell, poète contemporain d'E. D.

14. (n° 1424). 1877. Ce quatrain est la seconde strophe d'un poème qui en compte deux. Inclus dans une lettre envoyée vers mars ou avril à Mrs T.W. Higginson, alors gravement malade, il succède à la phrase : « Je vous donne la moitié de mes Oiseaux – à cette douce condition que vous me les ramènerez – vous-même, et demeurerez un Jour avec moi, Bonheur inappréciable que j'ai moi-même obtenu de la Nature. » Cet aveu est suivi d'un autre, montrant à quel point E. D. goûtait la vie : « Pardonnez-moi si je viens trop souvent – le temps de vivre est frugal – et aussi bon que soit un monde meilleur, il ne sera pas tout à fait celui-ci... » L'« Auxiliaire électrique » renvoie à l'espoir, mentionné dans la première strophe. Les deux derniers vers sont différents dans le poème : *But it's unique momentum / Embellish all we own –* (Mais son unique élan / Embellit toutes nos possessions –).

15. (n° 1425). 1877. Conclut une lettre à Mrs T.W. Higginson, datée du début du printemps. E. D., sachant Mrs Higginson très malade (celle-ci devait mourir à l'automne), lui offre sa sympathie. Le quatrain suit la phrase : « Comment pourrais-je trouver mon chemin jusqu'à vous et Mr Higginson sans Girouette, ni aucune Route ? » Le même quatrain, écrit au crayon, a été adressé à la même époque au pasteur Jenkins et à sa famille, avant leur départ d'Amherst pour Pittsfield. Il était accompagné de ce message : « Je vous envoie ce petit Antidote à l'amour d'autrui – Chaque fois que vous vous y sentirez incités, accrochez-vous à son Exhortation – ».

16. (n° 1427). 1877. Inclus dans une lettre à T.W. Higginson, vers le mois de juin. Le quatrain vient après des souhaits de rétablissement pour Mrs Higginson et succède à la phrase : « Mes Fleurs me font penser à elle et je les voudrais siennes. » Le mot *pink*, qui désigne la couleur rose, est aussi le nom de l'œillet.

17. (n° 1428). 1877. Ce quatrain est la seconde strophe d'un poème de huit vers et semble être l'aboutissement d'une première version :

Lay this Laurel on the one	De ce Laurier ceignez un être
Triumphed and remained unknown –	Triomphant et demeuré inconnu –
Laurel – fell your futile Tree –	Laurier – abats ton Arbre futile –
Such a Victor could not be –	Un tel Vainqueur ne pouvait être –

Il conclut une lettre envoyée par E. D. à la mi-juin à T.W. Higginson, trois ans après la mort de son père, à laquelle il est fait directement allusion : « Depuis la mort de mon Père, toutes les choses sacrées se sont agrandies au point – qu'il était obscur de croire –... » Évoquant un souvenir d'enfance, une cérémonie d'enterrement au cours de laquelle le pasteur avait posé la question : « Le Bras du Seigneur est-il si raccourci qu'il ne puisse sauver ? », E. D. confie à T.W. Higginson qu'elle avait interprété cette question comme un « doute sur l'Immortalité ». Ce doute continue de l'assaillir, poursuit-elle, bien que « nous sachions que l'esprit du Cœur doit vivre si sa partie cléricale meurt » ; « Voudriez-vous me l'expliquer ? On m'a dit que vous avez été Pasteur autrefois. Cela conforte une intuition qu'un autre l'ait partagée. Je relisais votre "Decoration". Vous l'avez peut-être oubliée. » « Decoration » est le titre d'un poème publié par Higginson dans le *Scribner's Monthly* en juin 1874 (date du décès d'Edward Dickinson), à la mémoire d'un jeune inconnu mort au combat. Emily s'en est lointainement inspirée.

18. (n° 1430). 1877. Écrit au crayon au verso d'un autre poème. Non envoyé, il semble vouloir expliquer pourquoi E. D. n'a pas reçu sa visiteuse, Catherine Scott Anthon, venue cette année-là à Amherst. Deux variantes sont proposées. Au v. 2 : *sight* (vue) / *proof* (preuve) ; au v. 3 : *stain* (souille) / *mar* (gâte) / *flaw* (défigure).

19. (n° 1431). 1877. Écrit au crayon au revers d'un fragment d'article de revue. Le quatrain est précédé de la phrase : « Je me sens Nu-pieds comme disent les Garçons. » Quelques variantes sont indiquées. Au v. 1 : *such* (tels) / *These* (Ces) ; au v. 2 : *see* (voir) / *know* (connaître) ; au v. 3 : *eminence* / *Table Land* (Plateau).

20. (n° 1436). 1877. Signé « Emily » et adressé à Susan Dickinson.

21. (n° 1449). 1877. Écrit au crayon, le quatrain est inclus dans une lettre adressée à Samuel Bowles, où il est précédé de la phrase : « Vous avez le Visage le plus triomphant du Paradis – sans doute parce que vous y êtes constamment, plutôt qu'ultimement – ». Il est possible qu'il se réfère à une photographie que celui-ci lui aurait envoyée.

22. (n° 1451). 1877. Existe en trois exemplaires écrits au crayon : un brouillon, un texte mis au net et un message, adressé à : « Docteur » et signé « Emily » qui a pu être remis ou adressé à Josiah Gilbert Holland lors d'une visite de celui-ci à Amherst. Les deux derniers textes sont semblables, sauf que l'un ne comporte pas de tiret à la fin du premier vers. Dans le brouillon, E. D. avait hésité entre *subterranean* (souterrain) et *unsubstantial* (immatériel).

23. (n° 1455). 1877. Ce quatrain est la première strophe d'un poème qui en compte deux. Inclus dans un billet envoyé en septembre 1877 à T.W. Higginson après la mort de sa femme, il tient entre ces lignes : « Si je pouvais vous aider ? » et : « Savait-elle qu'elle vous quittait ? Le Désert est nouveau – pour vous. Maître, laissez-moi vous guider. » Au v. 3, E. D.

a remplacé par *lapse* (déchéance) le mot *flight* (fuite) employé dans le poème.

24. (n° 1456). 1877. Adressé à Samuel Bowles, ce quatrain est la première strophe d'un poème qui en compte deux. Une variante indiquée dans le poème, au v. 2, a été adoptée, *elemental* (élémentaire) étant remplacé par *undeveloped* (latente). En revanche, au v. 3, l'adjectif possessif *its* (son), proposé au lieu de l'article *a* (une), n'a pas été retenu.

25. (n° 1461). Début 1878. Inclus dans une lettre à Mrs Samuel Bowles. E. D. y exprime à nouveau sa douleur après la mort de Samuel Bowles, survenue le 16 janvier. À cette date, elle n'avait pu lui adresser qu'un message très bref, qualifié par elle de « mots brisés ». Le quatrain est précédé de ces lignes : « Le cher "Mr Sam" est très proche, en ces jours de la mi-hiver. Quand les pourpres s'étendent sur Pelham, nous disons dans l'après-midi : "Les couleurs de Mr Bowles". Je lui ai parlé une fois de son chapitre Perle, et les beaux yeux se sont levés, passant hors de portée des miens dans une profondeur sacrée. » (Par « chapitre Perle », E. D. fait peut-être allusion au verset 21 de l'Apocalypse, qui était aussi l'un de ses textes favoris.)

26. (n° 1462). Il existe trois versions écrites au crayon de ce poème. Le premier distique, de 1878, est écrit sur un fragment de papier d'emballage. Le second, de la même année, a été inclus dans un billet accompagnant l'envoi d'un œillet, adressé à Susan Dickinson. Il est précédé de la phrase : « Susan – j'ai rêvé de toi la nuit dernière, et t'envoie un Œillet pour en témoigner. » Le quatrain est plus tardif. Datant de 1880, il est inclus dans un billet adressé à Sarah Tuckerman à l'occasion de la mort d'un brillant jeune mathématicien, le professeur Elihu Root, très apprécié des Tuckerman. Les trois versions diffèrent sensiblement.

27. (n° 1463). 1878. En trois exemplaires écrits au crayon. Le quatrain reproduit ici a été adressé à Susan Dickinson. Dans les deux autres versions, le deuxième vers diffère : *A Fence or two from thee –* (À une Clôture ou deux de toi –) et *A World or two from thee –* (À un Monde ou deux de toi –).

28. (n° 1465). 1878. Écrit au crayon sur un fragment de papier à lettres.

29. (n° 1467). 1878. Écrit au crayon sur un fragment de papier de comptabilité.

30. (n° 1472). 1878. Écrit au crayon sur un fragment de papier à lettres. Deux variantes sont indiquées au v. 3 : *who / that* (même sens) et au v. 4 : *dress* (vêtir) / *curl* (friser).

31. (n° 1482). 1879. Écrit au crayon sur un fragment de lettre. Une variante est indiquée au v. 2 : *Orchards* (vergers) / *Damsons* (Pruniers de Damas).

32. (n° 1485). 1879. Écrit au crayon, adressé à Helen Hunt Jackson pour saluer Pâques (d'où la référence à Gethsemani) et demander de ses nouvelles. Helen Hunt Jackson a transmis le poème à T.W. Higginson, assorti du commentaire : « Merveilleux douze mots ! »

33. (n° 1491). 1879. Écrit au crayon sur un fragment de papier à lettres.

34. (n° 1495). 1879. Écrit au crayon sur une feuille de papier à lettres, ce quatrain conclut un bref message adressé à Susan Dickinson : « Emily est au regret pour la Fête de Susan – Être singulier en des circonstances plurielles devient de l'héroïsme – ».

35. (n° 1497). 1879. Écrit au crayon sur un feuillet de papier à lettres et adressé à Susan Dickinson sans nom de destinataire ni signature.

36. (n° 1498). 1879. Écrit au crayon, ce quatrain, adressé à « Ned » et signé « Dick – » et, au-dessous, « Jim – », a été envoyé par E. D. à son neveu Edward (Ned) Dickinson, alors âgé de dix-huit ans. « Dick » et « Jim » désignent les chevaux de celui-ci, qui se seraient emballés. Plus vraisemblablement, Ned aurait été pris dans un cortège funèbre sans pouvoir s'en dégager, même en fouettant les bêtes.

37. (n° 1499). 1879. Écrit au crayon sur une feuille de papier à lettres et signé *« Thief »* (Voleur), le quatrain a probablement été adressé à Ned Dickinson, surpris en train de dérober une friandise. À peu près à la même époque, Emily lui écrivit une lettre qui commençait ainsi : « Cher Ned, tu te rappelles cette Tarte que tu as volée – eh bien, voilà sa Sœur… »

38. (n° 1503). 1879. En deux exemplaires écrits au crayon sur des fragments de papier à lettres. Il existe des différences entre les deux textes. Dans le premier, E. D. avait employé au v. 1 : *Wharf* (Quai) et indiqué la variante : *Cape* (Cap), mais elle a préféré *Shoal* (Écueil) dans la version mise au net. Elle avait envisagé aussi *Dock* ou *Bay*. On peut comprendre au v. 4 : « La sûre – Simplicité – ».

39. (n° 1504). 1879. En deux exemplaires écrits au crayon, dont l'un a été adressé à Susan Dickinson. Il y a un jeu de mots au v. 3, avec *Integrity*, qui désigne à la fois l'intégrité et l'intégralité.

40. (n° 1515). 1879. Écrit au crayon sur un fragment de papier à lettres. Une variante est indiquée au v. 4 : *creased* (froissée) / *leased* (à bail), variante retenue ici. Est proposée également une autre version de ce vers : *When Fate incorporated us* (Quand le Sort nous a donné corps).

41. (n° 1517). 1880. Écrit au crayon, ce quatrain conclut un billet envoyé à Sarah Tuckerman, dont l'enveloppe porte le cachet du 5 janvier. Il pourrait être une réponse à des vœux de Nouvel An ou à l'éloge que celle-ci aurait fait d'un poème d'E. D.

42. (n° 1521). 1880. Ce quatrain est la première strophe d'un poème qui en compte deux. Il a été adressé à Maria Whitney. Au v. 3, un mot diffère. Dans le poème, E. D. a écrit *surrendered* (cédé) au lieu de *considered*.

43. (n° 1522). Printemps 1880. Conclut une lettre envoyée à T.W. Higginson après la mort en mars de sa fille Louisa, à peine âgée de deux mois. Le tercet est précédé de ces lignes : « Ces soudaines intimités avec l'Immortalité sont espace – non Paix – comme l'Éclair à nos pieds instille un Paysage étranger. Merci pour le Portrait – il est beau, mais intimidant – Je cueillerai plus furtivement les "fleurs de mai" et éprouverai un effroi nouveau devant le "Clair de lune". La route de votre petite Fugitive doit être un tendre mystère – et pourtant. »

44. (n° 1524). Juin 1880. Inclus dans une lettre envoyée à

Maria Whitney, qui venait de démissionner de son poste à Smith College. Il fait suite à ces lignes : « Je regretterai de ne pouvoir dire à Vinnie quand nous entendrons la cloche de Northampton – comme c'est le cas dans quelques subtils États de l'Ouest – "Miss Whitney va à l'Église" – mais n'existe-t-il pas partout une Église pour les Cœurs qui ont ou ont eu – un Ami ? » Allusion est ici faite à Samuel Bowles.

45. (n⁰ 1541). 1880. Écrit au crayon, adressé à Susan Dickinson à l'occasion de son cinquantième anniversaire, le 19 décembre.

46. (n⁰ 1543). 1ᵉʳ janvier 1881. Écrit au crayon, le quatrain a été adressé à l'occasion du Nouvel An à Sarah Tuckerman. Il est précédé de ces deux lignes : « Mon Oiseau – Qui est "Aujourd'hui" ? "Hier" était il y a un An, et pourtant. » Au v. 4, *Pink* désigne à la fois la couleur rose et l'œillet.

47. (n⁰ 1546). 1881. En deux exemplaires. L'un est écrit au crayon sur deux fragments de papier épinglés ensemble. L'autre conclut une lettre envoyée à la mi-avril à Louise et Frances Norcross, où l'on peut lire : « Il est saisissant de penser que les lèvres, gardiennes de pensées aussi magiques, peuvent à tout moment être soumises à l'isolement de la mort. » Le quatrain suit cette phrase : « Je dois vous laisser, chères, pour revenir peut-être, ». Une variante est indiquée au v. 4 : *we accost no more / we know no more* (nous ne connaissons plus).

48. (n⁰ 1548). 1881. Écrit au crayon, ce distique conclut une lettre à T.W. Higginson. Faisant écho à une inquiétude exprimée par son correspondant, E. D. écrit : « J'espère que la Vie dont vous parlez est à l'abri du danger et tout Bonheur non accordé tendrement en réserve – Il est solennel de se rappeler que la Vastitude – n'est que l'Ombre du Cerveau qui la projette –». Le distique vient après ces lignes.

49. (n⁰ 1552). 1881. Écrit au crayon sur une feuille de papier à lettres, ce quatrain semble être le début d'un poème resté inachevé. Des variantes sont indiquées au v. 2 : *an* (un) / *the* (les) ; *are lifted there* (y sont haussés) / *are scattered there* (y sont éparpillés) ; au v. 4 : *meagres* (émacie) / *humbles* (humilie). Une autre version est proposée pour ce vers : *And a chill* (ou *bleak) smile inlaid with Balms* – (Et un sourire glacé [ou lugubre] incrusté de Baumes –).

50. (n° 1557). 1881. Écrit au crayon au dos d'un prospectus. Ce quatrain est inclus dans le brouillon d'une lettre adressée à Otis Lord, où il est précédé de ces lignes : « Mes petits stratagèmes pour vivre jusqu'à lundi quêteraient (gagneraient) votre triste attention – [rempliraient vos yeux de Rosée] – Débordante de travail, d'intrigues et de petits bonheurs la Pensée que j'ai de vous les retarde [tourne en dérision] tous et les rend froids et factices. »

51. (n° 1560). 1881. Écrit au crayon sur un fragment de papier à lettres. Des variantes sont proposées. Au v. 1 : *There comes* (Vient) / *There came* – (Vint) ; au v. 3 : *A symptom that is not a sound* (un indice qui n'est pas un son) ; au v. 4 : *is away* (s'en est allé) / *passed away* (a passé). Le pluriel est suggéré à la place du singulier, variation retenue, car indiquée avec insistance en italique. Au v. 3, jeu de mots sur *stealing* et *stealth*, le mot signifiant à la fois « agir à la dérobée » et « dérober ».

52. (n° 1561). 1881. Conclut une lettre de félicitations adressée à T.W. Higginson à l'occasion de la naissance d'une petite fille, Margaret, le 25 juillet. T.W. Higginson, âgé de près de soixante ans, s'était en effet remarié deux ans plus tôt, après la mort de sa première femme. Le poème succède à cette phrase : « Je me réjouis beaucoup de la Petite Vie et espère que son vol ne l'entraînera pas plus loin que les Bras de son Père – Résidence et Errance à la fois – Je ne sais pas grand-chose des Tout-Petits, mais les aime très tendrement – ».

53. (n° 1563). 1881. En trois exemplaires écrits au crayon. L'un a été adressé à Susan Dickinson, sans nom de destinataire ni signature. Un autre clôt une lettre envoyée à la fin novembre à Elizabeth Holland, qui venait de perdre son mari, le Dr Holland. Le quatrain vient après ces lignes : « Il restera toujours – tout près de nous – dans la Chambre donnant à l'Est que Père aimait le plus, et où j'ai dit Bonne Nuit au Docteur, en ce Matin de Novembre – Il a posé une Main sur la Tête de Vinnie et l'autre sur la mienne, et son Cœur sur le vôtre, comme nous le savions toutes deux, disant qu'il se rap-

pellerait toujours la Lumière du Soleil et cette Scène.» Il est
suivi de l'exclamation : «Pauvre "Petite Femme Enfant"!»
L'«exubérance de l'Afrique» et le «calme de l'Asie» peuvent
être compris comme deux aspects du Paradis.

54. (nº 1567). Noël 1881. Conclut une lettre adressée à Eli-
zabeth Holland. Le quatrain est précédé de ces lignes : «Dieu
bénisse les cœurs qui s'imaginent battre et ne battent point, et
reçoive dans Son infinie tendresse ceux qui ne savent pas qu'ils
battent et qui battent pourtant. Souhaiterons-nous un Noël
triomphant au frère en allé? Il le vit, sans aucun doute.»

55. (nº 1569). 1882. Écrit au crayon, ce quatrain est la
seconde strophe d'un poème qui en compte deux. Adressé à
«Susan» (Susan Dickinson) et signé «Emily.», il est précédé
de la phrase : «*A "Pear" to the Wise is sufficient* –». Le jeu de
mots sur le mot *Pear* qui signifie «Poire» mais peut en même
temps former avec l'article précédent *A* le verbe *appear* (appa-
raître) rend cette phrase difficilement traduisible. On peut
comprendre : «A(p)paraître suffit aux Sages –». Au v. 1 de la
strophe du poème (qui groupait les deux premiers vers du qua-
train), E. D. avait écrit : «*till you furl your Eye*» (jusqu'à ferler,
plisser l'Œil) et proposé à la place de *furl* la variante *lame*
(estropier), puis *waste* (épuiser), variante qu'elle a retenue. Au
v. 4, elle avait écrit : «*He is still more high*» (il est encore plus
haut) et proposé la variante «*he is just as high*» (il est tout aussi
haut), en la soulignant. Elle l'a également retenue.

56. (nº 1572). 1882. Ce quatrain, qui condense les six pre-
miers vers d'un poème, est inclus dans une lettre adressée en
été à T.W. Higginson et accompagne un cadeau pour sa petite
fille. Il est précédé de ces lignes : «Peut-être "Bébé" attachera-
t-elle son Tablier ou son Chausson avec ceci? Je l'ai reçu il y a
quelques instants, mais je ne porte jamais de Bijoux – Que
j'aimerais la voir!»

57. (nº 1573). 1882. En deux exemplaires écrits au crayon.
L'un conclut la lettre précédente adressée à T.W. Higginson.
E. D. a inclus l'autre, en remplaçant au v. 1 l'adjectif possessif
our (notre) par *his* (son), dans une lettre envoyée à James
Clark, ami de longue date de Charles Wadsworth, mort en

avril. Le poème vient après ces lignes, où Emily porte un jugement pénétrant – et objectif, semble-t-il – sur Wadsworth : «C'était une Perle Crépusculaire, née dans des Eaux Troublées, égarée sur toute Cime ici-bas. Que le Ciel lui donne la Paix, il ne pourrait lui donner la Grandeur, car il l'a emportée avec lui, en quelque lieu qu'il soit – ».

58. (n° 1575). 1882. Écrit au crayon sur une feuille de papier à lettres, a sans doute été adressé à Susan Dickinson.

59. (n° 576). 1882. Écrit au crayon, adressé à «Susan» (Susan Dickinson).

60, 61. (n° 1580, n° 1582). 1882. Écrits au crayon sur des morceaux de papier d'emballage.

62. (n° 1583). 1882. En deux exemplaires dont l'un est perdu. L'autre est un brouillon écrit au crayon sur un morceau de papier d'emballage. Deux variantes sont proposées. Au v. 1, *plaything* (jouet) / *trinket* (babiole) ; au v. 4, *the happy guilt* (l'heureuse faute) au lieu de *the sacred stealth* (le larcin sacré).

63. (n° 1587). 1882. Écrit au crayon sur un fragment d'enveloppe. Une très légère variante est indiquée au v. 4 : «*'Twas all distinct / all was distinct.*» La première tournure est un peu plus familière.

64. (n° 1589). 1882. Écrit au crayon sur le même fragment d'enveloppe. Des variantes sont indiquées au v. 2 : *permit* (accorde) / *allow* / *bestow*, dont le sens est très proche, avant de revenir à *permit* ; au v. 4 : *look* (regard) / *gaze* (même sens).

65. (n° 1598). 1883. Ce quatrain existe en deux exemplaires et aussi sous la forme d'un poème de cinq vers. Il est inclus dans une lettre adressée le 3 mars 1883 à Elizabeth Holland, en réponse à l'envoi de deux photographies représentant les filles Holland, Annie et Kate, laquelle venait de se marier. Il succède à ces lignes : «Annie a l'air du pathétique écureuil qu'elle a toujours été et Kate l'air de la colombe perplexe. Maintenant, elle a la réponse à sa question. S'il vous plaît, dites-lui de ma part –». Le quatrain a été également adressé à Sarah Tuckerman en mai.

66. (n° 1599). 1883. En deux exemplaires écrits au crayon.

L'un, sur une feuille de papier à lettres, indique une variante
au v. 4 : *A Woe of Ecstasy* (Un Désastre Extatique). L'autre, sur
un feuillet portant la mention : « Prof. Tuckerman » et les
mots : « Veuillez accepter un Coucher de Soleil », a peut-être
été adressé à celui-ci.

67. (n° 1604). 1883. En deux exemplaires. L'un est écrit
au crayon sur un morceau de papier d'emballage. Au v. 3, une
variante est indiquée : *Bonnet* (Chapeau) / *Jacket* (Veste).
L'autre, mis au net et adoptant la variante, aurait été adressé
par E. D. à son neveu Gilbert au printemps.

68. (n° 1606). 1883. En deux exemplaires, l'un écrit au
crayon sur un fragment de papier d'emballage, l'autre inclus
dans le brouillon d'une lettre envoyée à un destinataire non
identifié, peut-être un fils de Samuel Bowles. Il est précédé de
ces lignes : « Demander à chaque être qui a récolté la Vie, Oh,
où a-t-elle poussé, est intuitif. Que vous ayez répondu à cette
Question Souveraine pour votre plus grand plaisir, est joie
pour nous tous – ».

69. (n° 1607). 1883. Écrit au crayon, ce tercet conclut un
billet adressé à Sarah Tuckerman, hésitant entre prose et vers.
Il est précédé de ces lignes : « Doux Pied – qui vient quand on
l'appelle ! À présent, je ne fais qu'un Pas par Siècle – ». Rappe-
lons que le mot « Pied » se réfère à la prosodie et est synonyme,
dans le langage d'E. D., de vers ou de poésie.

70. (n° 1608). 1883. Écrit au crayon et signé « Emily – »,
ce quatrain conclut un billet adressé à Susan Dickinson, qui
débute par une allusion à l'Évangile selon saint Mathieu, 11,
25 : « Combien inspirantes pour l'Esprit clandestin sont ces
paroles de l'Écriture : "Nous te remercions de nous avoir caché
ces choses" – ».

71. (n° 1609). 1883. En deux exemplaires dont l'un est
perdu. L'autre, écrit au crayon, conclut un billet adressé à
Martha Dickinson, nièce d'E. D, et à son amie Sally Jenkins.
Il est précédé de la phrase : « Si jamais le Monde vous réprou-
vait – il est vieux, vous savez – donnez-lui un Baiser, cela le
désarmera – sinon – dites-lui de ma part : "Qui n'a pas
trouvé…" ». Les deux derniers vers diffèrent de ceux du pre-

mier texte : *God's residence is next to mine, / His furniture is love.* (La résidence de Dieu est voisine de la mienne, / Son mobilier est l'amour.)

72. (nᵒ 1610). 1883. Écrit au crayon sur une feuille de papier à lettres. Ce quatrain, sans nom de destinataire, mais signé « E. Dickinson – », n'a pas été envoyé, sans doute parce qu'E. D. ne le jugeait pas abouti. Des variantes sont indiquées. Au v. 2 : *would risk* (se risquerait) au lieu de *could find the way* (pourrait trouver le chemin). Au v. 4 : *sound* (sonder) au lieu de *test* (éprouver, explorer). Elles sont adoptées ici.

73. (nᵒ 1612). 1883. Écrit au crayon sur une double feuille de papier à lettres.

74. (nᵒ 1614). Été 1883. Écrit au crayon et inclus dans un billet adressé à «Nellie» (Cornelia) Sweetser, ce quatrain devait accompagner l'envoi d'un gâteau et de fleurs. Il est précédé de ces lignes : « Fleurs, et Gâteau, et Mémoire ! "Choisissez qui vous voulez servir !" Moi, je sers la Mémoire. » (La citation : « Choisissez qui vous voulez servir » est tirée du Livre de Josué, 24, 15).

75. (nᵒ 1619). Août 1883. Écrit au crayon et adressé à Sarah Tuckerman.

76. (nᵒ 1621). Automne 1883. Écrit au crayon, ce quatrain est inclus dans un billet adressé au jeune Samuel Bowles à l'occasion de ses fiançailles. Il vient après ces lignes : « J'avais craint que l'Ange porteur du Glaive ne vous dissuade d'entrer en Éden, mais me réjouis du contraire. "Chacune des multiples Portes est faite d'une seule Perle." ». Cette dernière citation est empruntée à l'Apocalypse (21, 21) où il est dit : « Et les douze portes sont douze perles, chaque porte formée d'une seule perle. »

77. (nᵒ 1624). 1883. Écrit au crayon, ce quatrain conclut une lettre envoyée à Susan Dickinson peu après la mort de son fils Gilbert, le neveu préféré d'E. D., le 5 octobre. Sa mort, à huit ans, des suites de la fièvre typhoïde lui porta un coup dont elle ne se releva pas. Il était un peu comme son héritier spirituel. Dans sa lettre, elle le décrit comme un être de lumière : « Ce n'était pas un croissant que cette Créature – Son orbite était celle d'un astre Entier – […] Je le vois dans

l'Étoile. [...] Aube et Zénith tout ensemble.» Le quatrain est
précédé de ces lignes : «Pourquoi attendrait-il, victime seule-
ment de la Nuit, qu'il nous a laissée – Sans spéculation, notre
petit Ajax embrasse le tout –». Un an et demi plus tard, en
février 1885, E. D. a inclus ce poème dans un billet adressé à
T.W. Higginson, accompagnant l'envoi de la biographie de
George Eliot par J.W. Cross. Il est précédé de la phrase : «La
Biographie nous convainc en premier lieu de la fuite du Bio-
graphé –».

78. (n° 1626). 1883. Écrit au crayon, adressé à Susan Dic-
kinson après la mort de Gilbert Dickinson. Quelques mois
plus tard, au printemps 1884, E. D. a adressé le même qua-
train à la fillette de T.W. Higginson, en souvenir de la mort de
sa petite sœur Louisa trois ans plus tôt. Le premier vers dif-
fère : *Who «meddled» with the costly Hearts* (Qui «a touché»
aux Cœurs précieux) et le pronom personnel est au féminin.

79. (n° 1633). Mars 1884. Ce quatrain conclut une lettre
envoyée à Elizabeth Holland dans laquelle E. D. évoque une
rencontre décrite par sa sœur Lavinia : «Vinnie n'a rien omis,
et je la suivais partout, sans jamais me lasser d'écouter cette
mystérieuse interview, car n'était-ce pas un balbutiement pro-
venant de l'irrévocable ? »

80. (n° 1634). Fin mars 1884. Le quatrain est inclus dans
une lettre à Louise et Frances Norcross. E. D. répond aux
condoléances que lui avaient adressées ses cousines à la mort
d'Otis Lord. Il est précédé de ces lignes : «Merci, mes chères.
J'ose à peine penser que j'ai perdu encore un autre ami, mais la
douleur me le rappelle », et est suivi de cet aveu : «Je travaille
pour chasser l'effroi, et cependant l'effroi incite au travail. »

81. (n° 1635). Début 1884. Écrit sur un fragment d'une
lettre destinée à Otis Lord datée : «Dimanche – 2 mars». Le
quatrain peut faire référence à celui-ci, qui devait mourir peu
après, le 13 mars. Plusieurs variantes sont proposées. Au v. 1 :
Heart (Cœur) / *Breast* (Poitrine) ; au v. 2 : *rankle* (lanciner) /
enter (pénétrer) ; au v. 3 : *And* (Et) est supprimé ; au v. 4 : *dis-
dained* (dédaignaient) / *refused* (refusaient). Une nouvelle ver-
sion de ce vers est proposée : *renounched* (sic) *their character*

(renonçaient à leur nature), ainsi que des vers 3 et 4 : *Of injury too innocent / To know when it passed* (trop innocent du mal / Pour savoir quand il passait).

82. (n° 1636). Avril 1884, en deux exemplaires. L'un est écrit au crayon sur le fragment d'un billet destiné à Otis Lord. L'autre conclut un bref message de félicitations adressé au sculpteur Daniel Chester French, qu'E. D. avait connu dans son enfance à Amherst et dont on venait d'inaugurer la statue de John Harvard à Cambridge : «Nous apprenons avec joie votre récent titre de gloire et nous hâtons de vous féliciter d'un honneur aussi mérité. Le succès n'est que cendre, mais une ambition à jamais marquée par la rosée. Dieu vous maintienne essentiel!» E. D. n'a pas adopté les variantes indiquées dans le brouillon au v. 4 : *That dares – to covet thee* (Qui t'ose – convoiter), précédé de *bends a Knee to thee* (s'agenouille devant toi) ; *dares* (ose) / *fears* (craint de) ou la variante proposée pour le vers tout entier : *Reformed to nothing but Delight* (Réformé en vue du seul Plaisir). Il y a peut-être dans ces vers un écho du poème *Epipsychidion* de Shelley, car on y retrouve aux v. 546-552 un vocabulaire analogue (circonférence, possédant, possédé).

83. (n° 1638). 1884. En deux exemplaires. L'un est écrit au crayon sur un fragment de papier à lettres, l'autre inclus dans un billet, écrit également au crayon, adressé à Susan Dickinson. Il vient après ces lignes : «J'aimerais avoir quelque chose de vital pour Susan, mais Susan se nourrit elle-même – Les Banquets n'ont pas de Graines, sinon les Mendiants les sèmeraient –». L'adjectif *fatal,* au v. 3, remplace l'adjectif *mighty* (formidable) employé dans l'autre texte.

84. (n° 1642). 1884. En deux exemplaires écrits au crayon sur un fragment de papier à lettres. Au v. 1, derrière le mot *penniless,* qui signifie littéralement «sans le sou», on peut entendre aussi le mot *pen,* «plume». Dans la version ultérieure, l'adjectif possessif *his* est remplacé par le démonstratif *that.* Les v. 3 et 4 ont été entièrement modifiés. Le texte du brouillon est le suivant :

A World made penniless by his departure   Un Monde que son départ spolie

Of minor systems begs,	Mendie de moindres systèmes,
But Firmaments were	Mais les Firmaments n'étaient
not his fellows –	point ses pairs –
The stars but Dregs –	Les étoiles n'étant que Lie –

Des variantes sont indiquées dans ce brouillon. Au v. 2 : *systems* / *fabrics* (traduit ici par « étais »). Au v. 4, avant d'opter pour *Gods* (Dieux), E. D. avait envisagé *Heavens* ou *skies* (Cieux), et *suns* (Soleils).

85. (nᵒ 1644). 1884. En deux exemplaires écrits au crayon. L'un figure sur un morceau de papier d'emballage. L'autre a été adressé à Mabel Todd, dont Emily avait fait la connaissance quelque temps après l'arrivée de celle-ci à Amherst, en 1881. Le texte diffère de celui du brouillon aux trois derniers vers :

Retarding what we see	Retardant ce que l'on voit
By obstacles of swarthy gold	Par des obstacles d'or basané
And amber mystery –	Et un mystère d'ambre –

Au v. 4, E. D. avait indiqué après *amber* (ambre) : *opal* (opale), *purple* (pourpre), avant de modifier entièrement le vers.

86. (nᵒ 1645). 1884. Écrit au crayon et adressé à Mabel Todd.

87. (nᵒ 1647). 1884 et 1886. Il existe trois exemplaires de ce quatrain écrits au crayon, dont l'un à l'état de brouillon. Celui qui est reproduit ici est le texte mis au net. Le troisième exemplaire, inclus dans une lettre envoyée au printemps 1886 à T.W. Higginson, fait référence à Helen Hunt Jackson, leur amie commune, qui venait de mourir. Il comporte une variante au v. 1, où *Herself* (Elle) remplace *the Dawn* (l'Aube). Le quatrain suit ces lignes : « La dernière fois qu'elle [Helen Hunt Jackson] est venue, elle avait à la Main quand je suis entrée, le "Chœur invisible". "Superbe", a-t-elle dit tandis qu'elle refermait le Livre, en se penchant pour m'accueillir, mais la ferveur me suffoque. Merci pour le "Sonnet" – je l'ai déposé à ses pieds chéris. » Dans cette lettre, E. D. mentionne sa santé déclinante. Peut-être songe-t-elle aussi à sa propre mort lorsqu'elle écrit : « Ne sachant quand viendra l'Aube. »

88. (nᵒ 1648). 1884. Écrit au crayon sur une feuille de papier à lettres et signé « Emily ».

89. (n° 1649). 1884. Écrit au crayon sur un bout de papier où figure, raturée, la phrase : *The mower is tuning his scythe* (La faucheuse accorde sa faux).

90. (n° 1650). 1884. En deux exemplaires écrits au crayon. Ce quatrain est une version condensée d'un poème de huit vers. L'un des exemplaires, signé « E. Dickinson », a été adressé à Mabel Todd.

91. (n° 1657). 1884. Écrit au crayon sur une feuille de papier à lettres. Le mot *Pink*, au v. 3, est traduit ici par « Roses » (désignant la couleur), dont le sens est plus général, mais il peut s'agir d'œillets.

92. (n° 1661). 18 juillet 1884. Écrit au crayon, ce quatrain est inclus dans un billet adressé à Mabel Todd. Il est précédé d'une phrase rappelant l'épitaphe de Simonide sur la conduite héroïque des Spartiates aux Thermopyles : « Martiale est l'Apologie de la Nature ! Nous mourons, ont dit les Immortels des Thermopyles, par obéissance à la Loi. »

93. (n° 1663). 1884. Ce quatrain est formé des quatre derniers vers d'un poème qui en compte huit, composé la même année. Il est inclus dans une lettre adressée en septembre à Helen Hunt Jackson, victime d'une chute. Plaisamment, E. D. écrit qu'elle « guettera avec une jalouse affection son passage de la Béquille à la Canne. De là jusqu'à vos Ailes il n'y a qu'un pas – comme on l'a dit de l'Oiseau convalescent. » Le quatrain suit ces lignes.

94. (n° 1666). 1884. En deux exemplaires écrits au crayon. L'un est inclus dans une lettre envoyée à Susan Dickinson, peut-être à l'occasion de l'anniversaire de la mort de son fils Gilbert. Le quatrain vient après cette évocation du garçonnet : « Par deux fois, quand mes Fleurs Rouges ont éclos, Gilbert a frappé à la porte, levé son gentil Chapeau, et demandé s'il pouvait les toucher – Oui, et aussi les emporter, lui ai-je répondu, mais la Courtoisie l'en a empêché – D'ailleurs, il cueillait des Cœurs, non des Fleurs – ». Dans le brouillon, E. D. avait écrit au v. 1 : *Most arrows* (La plupart des flèches).

95. (n° 1667). Automne 1884. Écrit au crayon, ce quatrain est inclus dans un billet adressé à « Mr – et Mrs Loomis », les parents de Mabel Todd, avant leur départ d'Amherst où ils étaient venus séjourner chez leur fille. Il est suivi de ce commentaire : « Dans toute la Circonférence de l'Expression, jamais l'on n'a surpassé ces mots candides d'Adam et Ève : "J'ai eu peur et je me suis caché" ». (Allusion est faite à la Genèse, 3, 10).

96. (nᵒ 14). 1884. Ce quatrain est la reprise, dans une forme condensée, d'un poème de huit vers composé vingt-six ans plus tôt, à l'été 1858, et conservé dans le Cahier 1. Il est adressé à un destinataire non identifié, qu'E. D. remercie pour l'envoi d'une photographie représentant une mère et son enfant et l'offre d'un livre. Il succède à la phrase : « Merci pour la Tombe – vide et pleine – elle aussi – ». Le même texte, sous forme de huitain, avait été précédemment envoyé à T.W. Higginson dans une lettre portant le cachet du 7 juin 1862.

97. (nᵒ 1671). Début 1885. Écrit au crayon, ce quatrain est la forme condensée d'un poème de huit vers. Inclus dans une lettre envoyée au jeune Samuel Bowles et à sa femme, il est précédé de ces lignes : « Si je n'avais su que je ne dormais pas, j'aurais craint de faire un rêve, si merveilleuse était leur beauté, mais le Jour et eux en furent le démenti. » Il existe trois autres versions de ce même poème, en cinq et six vers.

98. (nᵒ 1672). Début 1885. En deux exemplaires écrits au crayon. L'un, portant le cachet postal du 2 janvier 1885, conclut un message adressé aux parents de Mabel Todd, Mr et Mrs Loomis, en réponse à des souhaits de Noël. Il fait suite à la phrase : « Qu'*est* l'Extase sinon l'Affection et qu'est l'Affection sinon le Germe du petit Billet ? » Quelques jours plus tard, E. D. a envoyé ce distique à Charles Clark, frère cadet de James Clark.

99. (nᵒ 1674). 2 mars 1885. Écrit au crayon, ce quatrain est inclus dans un billet adressé à Mary Crowell, avant son départ pour l'étranger. Le billet se termine par : « Je vous confie à ses Anges – » et est signé « Emily – ».

100. (nᵒ 1677). 1885. Écrit au crayon et adressé à Mabel Todd, qui a noté à la date du 8 mai avoir reçu une plante (lychnis rouge) envoyée par Lavinia (Vinnie).

101. (n° 1680). 1885. Écrit au crayon, le tercet est inclus dans un billet envoyé à des correspondants inconnus, qualifiés de « doux amis ». Il est introduit par la phrase : « Je vous envoie le Message d'une Bouche qui ne peut parler – ».

102. (n° 1684). Avril 1886. En deux exemplaires écrits au crayon. L'un est inclus dans le brouillon d'une lettre à T.W. Higginson, après publication de son sonnet à la mémoire d'Helen Hunt Jackson dans le numéro d'avril de la revue *The Century*. Un autre exemplaire, identique, est inclus dans la lettre envoyée, où il est précédé de ces lignes : « Le beau Sonnet me conforte – Merci de me l'avoir confié. »

103. (n° 1685). Avril 1886. Écrit au crayon, dans la lettre précédente envoyée à T.W. Higginson. Il suit ces lignes : « La douce Acclamation de la Mort le divulgue – Il n'est pas de Trompette comme la Tombe – ». E. D. rappelle d'ailleurs à Higginson, juste après le poème, que c'est lui qui lui avait fait connaître Helen Hunt Jackson : « Ne me l'avez-vous pas donnée ? » Le mot *Beam*, au premier vers, possède en anglais le double sens de « rayon, rai » et de « poutre, ais ».

V. SANS DATE

1 à 11. (du n° 1686 au n° 1744). Manuscrits perdus, transcrits par Susan Dickinson.

12. (n° 1745). Manuscrit perdu, cité dans une lettre de Susan Dickinson au jeune Samuel Bowles en 1912.

13. (n° 1746). Manuscrit perdu, sans doute adressé à Susan Dickinson.

14. (n° 1747). Manuscrit perdu, signé « Emily » et adressé à Susan Dickinson.

15. (n° 1748). Manuscrit perdu, transcrit par Mabel Todd.

16. (n° 1752). Manuscrit perdu, transcrit par Mabel Todd. Une variante est indiquée aux v. 3-4 :

That we desire with ourselves	Que nous désirons entre nous
And not with Him play.	Jouer et non avec Lui.

17. (n° 1757). Manuscrit perdu, transcrit par Mabel Todd.

18. (n° 1767). Manuscrit perdu, transcrit par Millicent Todd.

19. (n° 1785). Manuscrit perdu, transcrit par Mabel Todd. Une variante est indiquée au v. 4 : *fallow* (jachère) / *shadows* (ombres). Variante ici adoptée.

20. (n° 1788). Poème publié dans l'*Independent* en 1898 sous le titre « Gloire » et attribué à E. D.

TABLE DES INCIPIT

I. 1858-1864

II. 1864-1865

III. 1866-1876

IV. 1876-1886

V. SANS DATE

QUATRAINS
ET AUTRES POÈMES BREFS

DOSSIER

Walt WHITMAN. *Poèmes. Feuilles d'herbe.* Traductions de Louis Fabulet, André Gide, Jules Laforgue, Valery Larbaud, Jean Schlumberger et Francis Vielé-Griffin. Postface de Valery Larbaud.

William Butler YEATS. *Quarante-cinq poèmes* suivis de *La Résurrection.* Préface, choix et traduction d'Yves Bonnefoy. Édition bilingue.

Fleuve profond, sombre rivière. Les « Negro Spirituals ». Présentation et traduction de Marguerite Yourcenar.

Ce volume,
le trois cent quarante-huitième
de la collection Poésie,
a été composé par Interligne et
achevé d'imprimer sur les presses
de l'imprimerie Bussière à Saint-Amand (Cher),
le 29 mai 2000.
Dépôt légal : mai 2000.
Numéro d'imprimeur : 1282.
ISBN 2-07-032942-9./Imprimé en France.